역사 속의 이성,
이성 안의 역사

김 수 배 지음

역사 속의 이성,
이성 안의 역사

김 수 배 지음

철학과현실사

책을 펴내며

'역사철학'은 이미 역사 속에서만 기억되는 철학의 한 분야라는 일부 시각과는 대조적으로, 역사에 대한 관심은 오히려 증가하고 있는 것이 현실인 듯하다. 새로운 모습으로 다시 태어나고 있는 박물관들, 일상생활 곳곳에서 등장하여 유행을 구가하고 있는 소위 '복고풍' 신드롬, 매스컴의 역사물들이 누리는 전례 없는 인기, 지역학이나 민속학 등에서 역사적 관점을 강조하고 있는 현상 등은 이제 단순히 새로운 밀레니엄을 등에 업은 반짝 효과로 평가 절하될 수는 없을 것이다. 그것은 오히려 역사와 역사의식이라고 하는 것이 변하기 어려운, 아니 불변하는 인간학적 상수임을 드러내준다고 하겠다.

이 책의 글들은 필자가 몸담고 있는 학교에서 지난 여러 해

동안 강의한 주요 내용을 정리한 것으로서, 서양의 사상가들이 보여주었던 역사에 대한 철학적 이해와 그들의 반성 작업, 즉 역사철학에 대한 '역사적' 이해를 돕기 위한 것이다. 대학에서 이루어지고 있는 대부분의 전공 기본 과목들의 강의가 그렇듯이 여기 수록한 글들도 지식의 전달에 초점을 맞추다 보니 글쓴이 자신의 주관적인 생각을 표현하려는 시도가 많이 미흡했다는 느낌이 든다. "한 작품을 모방하면 표절이고, 여러 작품을 모방하면 연구"라는 말이 — 이 말에 꼭 동의하는 것은 아니지만 — 다소나마 위안을 준다고 고백하지 않을 수 없다.

아무리 쉽게 강의한다 해도 한계가 있게 마련인 학문이 철학이라는 생각을 한다. 아니 "절감한다"는 표현이 더 적절하겠다. 수요는 있는데 철학전공자들이 철학을 쉽게 전달하려는 노력을 게을리 해서 스스로 그 수요마저도 잃는다는 비판이 대체적으로 옳긴 하지만, 사람들의 사고력이 많이 약해졌다는 지적도 사실이지 싶다. 아무튼 일반인들이 읽었을 때에도 그 의미가 전달될 수 있도록 나름대로 가급적 쉬운 표현과 어투를 사용하려고 애를 썼는데 독자들이 어떻게 평할지 모르겠다.

"만일 의학, 사회학, 교육학, 법학 심지어 음식, 의복, 스포츠, 영화 등의 역사가 어떤 식으로든 인간의 자기 이해에 기여하는 학문이라면, 역사철학은 더욱 근본적인 의미에서 그러한 학문영역에 속할 수밖에 없을 것이다. 역사철학은 바로 그러한 인간 이해 방식들의 조건을 문제삼기 때문이다." 이 구절은 필자가 강의 계획서에 채워 넣었던 내용의 일부분인데 그 의미가 이해되는 독자라면 이 책을 읽었을 때 무언가를 얻을 수 있으리라고 믿는다. 그러나 만일 그렇지 않은 독자라면 굳이 그러한 수고를 할 필요가 없으리라고 본다. 칸트도 말했듯이 이 세상의 모든 사람들이 철학이라는 학문에 종사할 필요는 없으며, 우리 각자는 자신만의 고유한 소질과 재능을 가지고 있다고 보기 때문이다. 그런 사람들은 인기 있는 TV 강의를 시청하거나, "한 권으로 읽는 …", "알기 쉽게 쓴 …" 등과 같이 시작하는 제목의, 왕초보들을 위한 책을 읽는 편이 나을 것이다.

우연하게 맡아 시작하게 된 강의가 벌써 일곱 해째를 이어오고 있다. 칼 뢰비트의 『역사의 의미』를 처음 접했을 때, 훌륭한 저서이고 교재로도 사용할 수 있겠다는 판단이 섰다. 지금도 그 판단에는 변함이 없으나, 자세히 읽다보니 너무 신학적 관점에 치우쳐 있다는 느낌을 떨쳐버릴 수 없었다. 주지하다시피 이 책의 영어 제목은 *Meaning in History* 이지만 "역사철학의 **신학적 함축**"이라는 부제를 달고 있고, 또 독일어 제목은 *Weltgeschichte und **Heilsgeschehen***, 즉 "세계사와 **구원의 사건**"이다! 그래서 다시 구해 본 문헌이 Willi Oelmüller, Ruth Dölle-Oelmüller, Rainer Piepmeier의 *Diskurs: Geschichte* (Paderborn/München/Wien/Zürich, [2]1983)와 Edgar Bein의 *Geschichte und Geschichtsbewußtsein. Ein Arbeitsbuch zur Philosophie der Geschichte*(Frankfurt a. M., 1995) 등이었다. 이 나중 책들은 간략한 설명과 함께 철학자들의 원전을 직접 소개하고 있어서 뢰비트의 저서와 더불어 이 책의 기틀을 제공했다. 각주와 참고문헌에서 밝힌 문헌들(주로 몇몇 철학사전들의 관련 항목들)에서도 많은 도움을 받았으니 글쓴이의 온전한 독창성을 주장할 생각은 전혀 없다. 다만 이 책이 대학에서 역사철학을 강의하는 분들이 참고서 선택에 겪는 고민을 조금이나마 덜어줄 수 있었으면 하는 바람이다. 각 장 중간에 추천 과제들을 한두 개씩 포함시킨 것도 글쓴이의 그런 소망을 반영한다.

역사 이론 관련 자료들에 대하여 적지 않은 도움을 주신 충남대 사학과의 김응종, 차전환 두 분 교수님들께 감사드리며, 지루하고 딱딱한 강의를 오로지 충청인(?)의 은근과 끈기로 인내해 주었을 뿐 아니라 절묘한 질문들로 글쓴이의 생각에 새로운 자극을 준 철학과 학생들에게 심심한 경의와 고마움을 표하고 싶다. 독수리 타법 아빠를 위해 원고를 정리해 준 재명이의 도움도 컸다. 열악하고 어려운 출판문화 현실에도 불구하고 이 책의 출판을 결정해 준 철학과현실사에도 감사드린다.

꽃바위에서 글쓴이
김 수 배

차 례

제 1 장

역사철학이란 무엇인가?

강의에 들어가기 전에 먼저 분명히 해야 할 사항이 있습니다. 우리가 앞으로 공부하고자 하는 분야는 서양 철학의 분과인 역사철학입니다. 동양 철학에도 역사에 관한 철학적 반성 작업이 있을 것입니다. 잘 알지는 못하지만 이른바 '춘추필법'이라는 용어만 보더라도 동양에서도 아주 오래 전부터 역사에 대한 철학자들의 관심이 있어 왔다는 사실을 짐작할 수 있습니다. 그러므로 여러분들은 이에 대해서도 관심을 가지고 나름대로 공부할 수 있기를 바랍니다.

1. 역사철학의 의미

'역사철학'은 서양어로 'philosophy of history', 'Geschichts-philosophie' 등으로 표기됩니다. 이것은 역사를 뜻하는 영어 단어 'history'나 독어 단어 'Geschichte'와 철학을 뜻하는 'philosophy', 'Philosophie'가 결합된 것입니다.

그런데 이 두 낱말들은 본래 대립 관계에 있는 개념들로서 서로 결합되기가 껄끄러운 것들입니다. 'History'는 그리스어 'ἱστορέω'에서 나온 말로서 "탐문하다", "관찰하다", "시각이나 청각을 이용해 어떤 것을 경험하다"라는 의미를 지닌 말입니다.

따라서 'history'는 원래 '경험적 지식'과 다른 것을 뜻하지 않았습니다. 독어로는 경험을 'Erfahrung', 지식을 'Erkenntnis'라고 하니까, 'history'를 독어로는 'Erfahrungserkenntnis'로 표현할 수 있겠습니다. 이러한 의미는 19세기까지도 유지되었습니다. 이때 주목할 것은 'history'에서는 경험의 주체가 강조된다는 점입니다. 바꾸어 말하면 'history'는 기본적으로 사적인 (personal) 지식이라는 것입니다. 객관적으로 있었던 지나간 사건들의 총체보다는 인식 주관이 감각 기관을 통해 받아들인 것, 또 그것들 중에서 기억하고, 이해하고, 해석해 낸 것이라는 데 초점이 두어진다는 것입니다. 그래서 인식(경험)하는 주관의 한계 안에 있는 지식이라는 의미가 강합니다.

> ⚡ 취직을 하려면 이력서라는 것을 써야 합니다. 갓 학교를 졸업한 사람들의 경우 이력서는 보통 한 장 분량이면 족하지만 어떤 사람의 이력서는 대여섯 장을 넘기도 합니다. 그만큼 그 사람의 경력이 다양하고 풍부한 경험으로 이뤄져 있다는 얘기겠지요. 그런 사람들의 일반적인 특징(장점이나 한계)을 생각해 보고 각자의 의견을 적어 봅시다.

'History'는 위에서 말한 바와 같이 근본적으로 주관적인 경험지를 뜻하기 때문에 체계적, 개념적, 원리적, 심사숙고된 지식과 대립된 맥락에서 이해되었습니다. 그런데 바로 이 후자의 성격을 지닌 지식이 철학적 지식인 것입니다.[1] 따라서 'history'

---

1) 독일 계몽주의 시대 철학자였던 크리스티안 볼프(Christian Wolff,

와 'philosophy'는 서로 결합하기가 쉽지 않은 개념들이고, 그 두 단어가 만나 만들어진 역사철학이라는 개념도 다분히 문제의 소지가 많은 개념이라고 할 수 있습니다. 이처럼 역사철학이란 말에는 경험적 사실의 기록과 이성적 진리 인식의 만남이라는 의미가 들어 있는 것입니다. 이건 제 개인적인 생각입니다만, 보기에 따라서는 아주 무모하기도 하고 과감하기도 한 시도로 간주될 수 있는 철학의 한 분과가 역사철학인 것입니다.

2. 'Historie'와 'Geschichte'의 구분

역사를 의미하는 독어 단어에는 'Historie'와 'Geschichte'가 있습니다. 이 개념들은 일상생활에서는 거의 서로 구분되어 사용되지는 않지만 학자들에 따라서는 그 구분을 중시하기도 합

1679-1754)는 철학적 인식을 다음과 같이 정의했습니다. 참고하기 바랍니다: "Cognitio **rationis** eorum, quae sunt, vel fiunt, philosophica dicitur"; "존재하거나 발생하는 일들의 원리[혹은 근거]에 관한 인식을 철학적 인식이라고 한다."(*Philosophia rationalis sive logica*, pars I, hg. v. Jean École, Hildesheim/New York/Zürich 1983, 3쪽)
예컨대 갑천이 대전 시내를 서에서 동으로 관통해 흐르고 있다는 사실을 관찰하고 "갑천은 서에서 동으로 흐른다"라고 진술할 때 이것은 '역사적' 즉, '경험적 지식'(cognitio historica)이고, 반면에 갑천이 왜 서에서 동으로 흐르는지 그 이유를 제시하면(예를 들어서 하천 바닥의 높낮이 차이를 지적함으로써) '철학적 지식'(cognitio phiosophica)이라는 것입니다.

니다. 'Historie'는 앞에서 설명한 것처럼 누군가가 감각 기관을 통해 경험한 내용으로 이루어진 지식이고, 특히 그 경험지를 보고하거나 전달하고 설명하기 위해 **기록**한 것을 뜻합니다.

이에 비해 'Geschichte'는 "발생한다", "어떤 일이 우연히 일어난다" 등의 의미를 지닌 독어 단어 'geschehen'과 같은 어원에서 나온 말입니다. 그래서 'Geschichte'는 본래 "발생한 것", 또는 "발생하는 것", "누군가에게 일어나거나 일어난 것", "누군가가 몸소 겪은 것" 등을 뜻했습니다. 그러나 근세에 들어오면서부터는 'Geschichte'도 "발생한 것", "누군가가 맞닥뜨린 것", "행위한 것"뿐 아니라 그것들에 관한 기록, 지식까지 의미하게 됩니다.

이런 배경에서 흔히 학자들은 'Geschichte'를 사건으로서의 역사, 'Historie'를 사건에 관한 **기술, 기록**으로서의 역사, 즉 역사 기술로 각각 구분합니다. 그러나 우리는 앞으로 특별히 따로 언급하지 않는 한 이 구분을 염두에 두지 않기로 합니다.

⚡ 철학자들은 어떠한 사실을 단순히 사실 자체로서 인식하거나 기록하는 것이 가능한지에 대해 회의하는 경우가 많습니다. 아주 단순해 보이는 사실도 실제로는 경험하는 주관의 관심이나 태도에 의해, 그리고 이론적인 개념들의 도움에 의해 선택되고 정돈된 것이라고 보기 때문이지요. 그러한 예들을 생각해 봅시다.

3. 역사의 종류

역사를 철학적인 관점에서는 다음과 같이 분류할 수 있습니다. 물론 이것은 어디까지나 철학자들의 일반적인 분류를 소개하는 것이므로 절대적인 것은 아닙니다.

① 방법론 차원에 따른 구분

-- 역사 연구(Geschichtsforschung) : 역사적 사실과 그 사실에 관련된 사료에 대한 실증적 연구와 비판. 실증적인 규명 위주이므로 경험과학의 일종으로 간주할 수 있습니다. 통상적으로 역사 보조학으로 간주되는 학문들, 예를 들어 고고 인류학, 고문서학, 고문자학, 지리학 등이 여기 포함된다고 할 수 있습니다.

-- 역사 서술(Geschichtsschreibung) : 이것은 역사적 사건 및 원전 사료에 대한 서술 및 의미 해석 작업으로서 경험과학의 차원을 넘어섭니다. 우리가 역사라는 말로 떠올리게 되는 가장 일반적인 의미의 역사라고 할 수 있겠습니다.

② 대상에 따른 구분

-- 보편사(Universalgeschichte) : 역사적으로 접근 가능하며 이해가 가능한, 전 인류의 모든 상태, 행위, 활동의 발전 과정을 탐구하고 통일적으로 기술하는 작업. 이것을 역사학의 이상으로 여기는 사람이 많았고, 요즘도 '통사(通史) 또는 지구사' (global history)라고 해서 역사학자들 중에는 그 가능성에 관

심을 갖는 사람들이 꽤 있는 것 같습니다.

-- 부분사(Partikulargeschichte) : 특정 민족이나 국가, 세계 일부에 제한한 역사적 탐구와 그 기술을 뜻합니다. 한국사, 프랑스사, 유럽 중세사 등이 여기 해당할 것입니다.

-- 특수사(Spezialgeschichte) : 인간 활동의 특정 분야, 예컨대 정치, 문화, 경제, 예술, 종교, 과학, 법률, 가족, 개인 등의 역사를 말합니다.

-- 자연사(Naturgeschichte) : 세계와 우주의 성립, 창조 및 인간에 대립된 대상으로서의 자연(지질, 동식물 등) 변천에 관한 역사를 의미합니다. 역사를 인간 활동의 산물에만 국한시킬 경우, 이것은 역사에서 제외됩니다.

제 2 장

역사철학의 주제들

1. 전통적인 역사철학과 역사학의 구분

철학의 한 분과로서의 역사철학은 근대, 특히 계몽주의 시
대의 산물입니다. 흔히 우리는 볼테르(François Marie Arouet
Voltaire, 1694-1778)를 그 창시자로 봅니다. 그러나 역사에 관
한 철학적 반성 작업은 이미 고대부터 있었습니다. 어쨌든 19
세기 이전의 역사철학은 대부분 '역사 형이상학'(Geschichts-
metaphysik) 혹은 사변적 역사철학이라고 불릴 만한 철학적
작업으로서, 역사 과정 전체의 기원, 의미, 목적, 가치 등을 발
견하려 하고, 더 나아가 역사적 운동의 기원과 법칙을 발견하
고 그 근거를 추구하며 기술하려는 시도였다고 할 수 있습니

다. 물론 여기에는 역사 자체뿐 아니라 역사 서술이나 학문으로서의 역사가 인간에 대해 지닐 수 있는 또는 지녀야만 하는 의미의 문제까지도 포함됩니다.

철학자들의 역사에 대한 반성은, 소위 '경험적 역사'가 보여주는 서로 아무 연관도 없어 보이는 사건들의 연속이나, 불합리하기까지 한 것처럼 보이는 역사적 사건들의 전개를, 이해가 가능한 것으로 만들기 위한 시도라고 할 수 있습니다. 철학자들은 이를 위해서는 경험적 역사에서 실제로 일어난 일을 넘어서 그 배후에 존재한다고 여겨지는 계획, 즉 사실의 이면에 놓여 있는 역사의 의도(책략, 계획)를 드러내는 작업이 필요하고 또 가능하다고 본 것입니다. 이러한 시도에 의해 역사적 과정의 '진정한' 의의와 '본질적' 합리성이 드러날 수 있고, 따라서 역사가 문자 그대로 이해될 수 있다고 간주한 것이지요. 비코(Giambattista Vico, 1668-1744), 칸트(Immanuel Kant, 1724-1804), 헤겔(Georg Wilhelm Friedrich Hegel, 1770-1831), 마르크스(Karl Marx, 1818-1883) 그리고 현대의 토인비(Arnold Joseph Toynbee, 1889-1975), 후쿠야마(Francis Fukuyama, 1952-) 등은 모두 위와 같은 범주에 속한다고 볼 수 있을 것입니다. 우리의 관심은 이러한 종류의 역사철학에 주로 국한될 것입니다.

그런데 역사철학이 철학의 분과로서 성립되었을 때(계몽주의 시대)부터, 역사철학은 역사적 인식의 본질이나 한계, 학문성, 역사에서 사용되는 개념에 관한 문제, 즉 한 마디로 말해 학문으로서의 역사의 방법론에 관한 관심도 함께 가지고 있었

20

습니다. 이러한 관심은 크게 부각되어 체계화되지 못하다가 19세기에 와서 드로이젠(Johann Gustav Droysen, 1808-1884)의 『역사학의 기초』(Der Grundriß der Historik, 1858) 등에 의해 본격적으로 문제화되기 시작했습니다.

학자들은 이 같은 역사철학의 과제를 다양한 방식으로 지칭했는데 예를 들면, '역사학'(Historik, Historiologie, Geschichts-lehre), '역사 논리'(Geschichtslogik), '역사 이론'(Geschichts-theorie), '형식적 역사철학'(formale Geschichtsphilosophie), '역사 방법[론]'(historische Methode) 등이 그것입니다. 우리는 이와 관련해서는 역사에 관한 메타 학문으로서의 과학철학을 염두에 두면 될 것입니다.

19세기에 이 후자의 역사철학적 방향이 새롭게 부각되기 시작한 배경에는, 역사학자들이 실증적인 경험과학으로서의 역사의 위상과 무게를 점점 더 강조하고, 마침내 역사를 철학으로부터 완전히 독립시키려 한 의도가 놓여 있다고 할 수 있습니다. 역사학자들은 추상적인 역사철학, 특히 역사 형이상학을 그들의 작업에서 완전히 배제하려 하였는데, 역사의 문제는 어떤 초월적이고 보편적인 원리나 법칙을 발견하는 데에 있지 않고 그 본질상 개별적인 것, 예를 들자면 한 인물이나 한 민족, 한 시대 등이 지닌 구체적인 특수성에 대한 이해에 있다고 주장한 것입니다.

이는 감각적인 지각 내지 경험이 늘 개별자에 관한 지각이라는 것과 맥락을 같이하는 주장으로서, 원리적인 인식과 보편성을 추구하는 철학과, 특수성을 추구하는 역사는 서로 대립할 수밖에 없다는 사실을 확인시켜 줍니다. 훔볼트(Wilhelm von Humboldt, 1767-1835), 랑케(Leopold von Ranke, 1795-1886) 등이 그 대표적인 경우이고, 드로이젠도 역사학(Historik)은 역사철학이 아니라고 했습니다. 그러나 19세기 말에 다시 **역사주의**2)에 대한 비판과 더불어, 역사의 원리 자체가 학자들 간

---

2) 역사주의(Historismus, historism) : 역사주의는 철학자들마다 조금씩 다르게 정의합니다. 그러나 그 기본 의도는 다음과 같이 요약해 볼 수 있겠습니다. 인간의 모든 행위, 업적, 가치 등은 그것이 성립되어 나온 역사적 배경을 통해서 이해될 때 그 의미가 분명하게 드러난다는 것입니다.
역사주의의 선조라고 할 수 있는 헤겔의 다음 주장에 주목해 봅시다: "우리는 다음과 같은 사실을 기대할 수 있다. 즉 우리는 어떤 사태(Sache)의 역사를 통해서 그 사태를 이해한다는 것이다. 만일 우리가 그 사태가 과거에 어떠했는가를 안다면, 이것은 곧 그 사태에 관한 이해를 의미한다. 또 우리가 더 나아가 그것의 과거, 그리고 그 과거의 과거 등등이 어떠했는가를 알 경우, 우리는 그것에 관한 더욱 철저한 이해에 도달하는 것이다."(Georg Wilhelm Friedrich Hegel, *Geschichte der Philosophie*, Hamburg 1944, Bd. I, 51쪽.)
일반적으로 역사주의는 역사성 속에 인간을 비롯해 존재 일반의 결정적이고 본질적인 특성이 놓여 있다고 봅니다. 그래서 세계는 곧 역사로 파악되며, 역사적 사고를 세계관이나 철학에 도입할 것을 주장합니다. 드로이젠, 딜타이(Wilhelm Dilthey, 1833-1911), 마이네케(Friedrich Meinecke, 1862-1954) 트뢸취(Ernst Troeltsch, 1865-1923), 크로체(Benedetto Croce, 1866-1952) 등이 그 대표적인 사람들입니다. 이런 의미에서 볼 때 역사주의의 대립 개념은 '합리주의'와 '자연주의'라고 할 수 있습니다. 전자는 삶을 역사에 의해서가 아니라, 이성과 이념으로부터 파악하고 이성적으로 형성하고자 한다는 의미에서 그렇고, 후자는, 인간은 본질적으로 자연 존재이고 환경의 산물이며, 역사적 과정도 자연적, 기계적, 물

에 쟁점으로 떠오르면서 역사에 대한 철학적 반성은 불가피한 것으로 인식되었고, 역사의 기초, 방법, 과제 등이 활발하게 논의됩니다.

학문 이론(Wissenschaftstheorie)적인 반성과 결부된 중요한 논의 중 하나는 특히 신칸트학파의 분파인 남서독학파(süd-westdeutsche Schule)에 의하여 전개되었습니다. 빈델반트

질주의적 법칙으로 설명이 가능하다는 입장이기 때문입니다.

한편 역사주의를 비판하는 철학자들은 이것을 흔히 '상대주의' 하고도 연관시키는데, 그 까닭은 역사주의가 역사를 역사 자체를 위해서 연구할 것을 강조하고, 이를 위해 모든 시대의 가치, 규범, 문화적 업적 등을 그 자체로 단지 그 시대의 역사적 타당성 안에서만 고찰할 것을 주장하는 경향이 있기 때문입니다.

니체(Friedrich Wilhelm Nietzsche, 1844-1900)는 역사주의를 'Historizismus'라고 불렀는데, 자연과학(내지는 실증주의)을 모델로 삼아 현재의 규범이나 가치 정립의 문제와 무관하게, 그러니까 모든 주관적 관심을 배제한 채 오로지 임의의 사실 자체만을 발생적으로 탐구할 것을 표방하는 일종의 '역사적 실증주의'로 간주하였습니다.

한편 포퍼(Karl Raimund Popper, 1902-1994)는 'historicism' ('historism'이 아님) 개념을 주로 마르크스주의에 대한 비판적 용어로 사용했습니다. 그는 'historicism'을, 사회과학이 곧 역사 이론이며, 장기적으로 역사적인 예언을 할 수 있다고 주장하는 모든 사회과학 이론이라고 정의합니다.

또한 현상학자인 후설(Edmund Husserl, 1859-1938)은 같은 개념 ('Historizismus')을 주로 딜타이의 역사철학적 세계관(세계를 역사적 형성물로 간주하는)을 비판적 의미로 거론할 때 사용했는데, 그는 딜타이의 입장이 회의적인 주관주의로 귀결된다고 했습니다. 이 용어('Historismus'와 'Historizismus')는 영어 및 기타 언어로 번역되는 과정에서 많은 혼동을 야기하고 있습니다.

(Wilhelm Windelband, 1848-1915)와 리케르트(Heinrich Rickert, 1868-1936) 등은 역사철학의 문제는 ① 자연과학과 구분되는 역사 과학의 논리와 방법론에 관한 탐구로서, ② 자연현상과 구분되는 문화 및 가치 영역으로서의 역사를 명확하게 정의하고, ③ 보편사의 조건들에 관한 이해를 추구한다고 주장했습니다.

이들에 의하면 자연과학은 시공을 초월하여 타당한 일반 법칙을 추구하며 '인과적 범주'를 사용한다고 합니다. 이러한 자연과학의 방법적 특징을 이들은 '법칙 정립적'(nomothetisch)이라고 했습니다.

반면, 역사나 문화 과학은 역사 문화 현상을 가치적 기준에 근거해서 본질적인 것과 비본질적인 것으로 나누고, 전자 가운데에서도 일회적인 것, 개별적인 것을 선택하여 기술한다고 합니다. 그리고 이러한 역사, 문화 과학의 방법적 특징을 '개성기술적'(idiographisch)이라고 불렀습니다.

> ⚡ 자연과학이 보편적인 인과 법칙을 통해 모든 현상을 설명하려 한다는 사실은 쉽게 이해될 것입니다. 그러면 역사를 비롯한 문화과학(인문학이라 해도 무방할 것입니다!)이 개별적이고 일회적인 사실을 기술한다는 것은 무슨 의미일까요?

여하튼 서남학파의 이 같은 논의는, 철학사적으로 보면 19세기에 와서 크게 세력을 형성한 실증주의, 물질주의(유물론), 자연주의 등의 세계관을 비판하려는 의도를 담고 있다고 할 수 있습니다. 그러한 세계관은 근본적으로 방법론적 일원론, 그러니까 모든 현상을— 그것이 자연 현상이든 인간에 의해 형성된 현상이든 상관없이 — 인과 법칙을 통해 객관적으로 설명할 수 있다는 입장을 채택하고 있기 때문입니다.

서남학파 이외에도 신헤겔주의자로 불리는 크로체나 종교 사학자이자 철학자인 트뢸취 등도 역사 고유의 방법론적 문제에 큰 관심을 갖고 탐구했던 학자들입니다. 또 현대의 언어 분석 철학의 전통 안에서도 드레이(William H. Dray, 1921-   ), 단토(Arthur Coleman Danto, 1924-   ) 등은 학문 이론적 관점에서 역사철학적 문제(역사 진술의 논리적 구조, 역사적 명제나 진리의 과학적 지위)를 다룬 사람들입니다.

2. 역사의 의미

앞에서 우리는 역사철학에 크게 두 방향, 즉 형이상학적인 방향과 역사 논리적인 방향이 있다는 사실을 알아보았습니다. 그리고 우리의 관심은 주로 전자에 국한한다고 했습니다. 그런데 형이상학적인 방향의 역사철학의 경우 가장 중심이 되는 문제들 가운데 하나는 바로 **역사의 의미** 문제라고 할 수 있을 것 같습니다.

그러나 사실, 역사에 의미가 있는가 하는 문제는 그렇게 당연한 물음은 아닌 것같이 생각되기도 합니다. 이 물음 자체가 무의미하다고 주장할 수도 있어 보이기 때문입니다. 실제로 우리가 인류 역사 속에서 수많은 전쟁의 사례나, 불의나 부조리의 승리 사례, 그리고 어리석은 인간의 실수가 수도 없이 반복되는 모습 등을 접하다 보면 과연 역사에 어떤 의미가 있다고 할 수 있을까 하는 의구심을 가질 수 있다고 봅니다. 그뿐일까요? 우리는 인류가 스스로 자초한 전쟁을 통해서든 아니면 자연 재해에 의해서든 언제고 이 지상에서 소멸할 가능성이 있다는 사실도 부인할 수 없습니다. 마치 한때 지구의 지배자였던 공룡이 단기간에 자취를 감추었듯이 말입니다.

그러면 과연 인류의 운명은 맹목적인 우연에 의해 지배되고 있을 뿐이고, 그 역사에서 어떠한 합리적인 계획이나 진행 방향, 목적 등을 찾을 수는 없는 것일까요? 또 비록 그러한 의미의 문제 제기 자체를 부질없는 짓이라고 평가 절하하지는 않더라도 그에 대한 대답이 불가능하다거나 매우 불충분하고 불만족스러운 것이 될 것이라는 입장도 있을 수 있을 것입니다. 따라서 그러한 물음에 대한 대답을 철학에서 구하기보다는 종교나 혹은 심지어 어떤 신비 체험을 통해서 구하는 것이 현명하다고 보는 사람도 있을 것입니다.

⚡ 우리가 인간 활동의 개별적인 영역들의 역사에서, 예컨대 과학사나, 정치 제도사나, 종교사 등 **특수사**에서는 역사의 진보를 말할 수 있고, 또 이 진보의 관점에서 역사의 의미를 말하는 것이 충분히 가능한 것처럼 보이기도 합니다. 그렇지만 과연 **보편사**의 경우도 그렇다고 할 수 있을까요? 각자의 의견을 정리해 봅시다.

역사의 의미에 대해서는 여러 가지 의견이나 태도를 취할 수 있을 것입니다. 그런데 한 가지 확실한 점은, 인간은 누구나 이 문제에 대해 무관심으로 일관하기는 어려울 것이라는 사실입니다. 역사의 의미에 관한 관심 또는 역사의식의 결여는 무엇을 뜻할까요? 그것은 마치 인생의 의미, 죽음의 의미, 세계 창조나 종말의 의미 등에 관한 물음처럼 인간에게 피할 수 없는 물음처럼 보입니다. 다시 말해 그러한 물음에 관해 무관심하거나 물음을 제기할 의사를 아예 포기하는 것은, 개인적으로 보면 자기를 실현함에 있어서 가장 근본적인 물음을 제쳐 놓는 것이고, 인간 사회로 보아서는 궁극적으로 휴머니티의 죽음을 뜻한다는 것입니다. 이해를 돕기 위해 아래의 신문기사를 읽어봅시다.

어느 중년 샐러리맨의 3박 4일 '죽음여행'

" '기관지 임파선에 종양이 있네요. 고약한 곳이라 심할 것 같은데…. 바로 입원하셔야 할 것 같습니다.'
○○생명 김○○(42) 이사는 11일 정기 건강검진 결과를 듣던 날의 충격을 잊지 못한다. 그날 이후 그는 격렬한 감정의 소용돌이 한가운데에 서 있었다. 다행히 종양은 물혹으로 판명돼 해프닝으로 끝났지만 종양제거 수술에서부터 퇴원까지 3박 4일간 그는 '정신적 죽음'의 문턱까지 갔다 왔다고 고백했다.
그가 24일 '3박 4일의 이별연습'이라는 제목으로 쓴 당시 일기를 회사 후배들에게 이메일로 공개했다. 김이사는 '엄살이라고 놀림 당할까봐 묻어두려 했지만 깨달은 것이 너무 많아 주변 사람들과 나누고 싶었다'고 일기 공개의 배경을 설명했다.

후회와 자책으로 시작되는 그의 편지는 그룹 전체로 삽시간에 퍼져나가 화제다. '담배를 끊었더라면 [하는] 후회와 가족에 대한 미안함은 훨씬 덜 할텐데. 자꾸 눈물이 난다. 왜 그런가? 죽음이 두려워서인가? 마흔을 넘겼으면 적어도 한 달에 몇 번쯤은 삶에 대해 돌아봤어야 하지 않았나. 도대체 뭘 하다 막판에 몰려 이렇게 갈팡질팡하는가.'

병원에 입원해서는 의사의 말과 표정 하나하나에 천국과 지옥을 수없이 오갔다. 수술 전날 그의 심경은 참담했다.

'삶은 어둠과 밝음이 있는 것을 … 지금까지 나는 밝은 편에서 있었고 또 그걸 당연하다고 생각했다. 그러나 저쪽 편에서는 무수한 화살이 날아오고 있고 내가 그 화살을 오늘 맞을지 내일 맞을지 아무도 모른다. 영원히 살 것 같은 착각 속에서 어떻게 그렇게 철저히 외면해 왔을까. 내일 저녁이면 모든 것이 결정된다. 기다림이 차라리 더 고통스럽다.'

그러나 막상 수술을 마친 뒤 들려온 아내의 첫마디는 그를 다시 삶의 환희로 들뜨게 했다. '암은 아닌 것 같다는 아내의 말이 채 끝나기도 전에 온몸에 전류가 흘렀다. 그토록 재미없어 했던 일상으로 돌아간다는 사실이 이렇게 기쁘다니.'

김이사는 '다시 돌아온 일상'이 그렇게 달라 보일 수 없다고 말했다. 아무 것도 달라진 것 없는 회사일과 가정생활이 전혀 다른 의미와 무게로 다가온 배경은 그가 병원 문을 나서며 세운 삶의 원칙 5계(戒)에 있는 것 같다.

'① 금연, ② 사랑할 시간과 능력이 있을 때 충분히 사랑하자 (이보다 중요한 일? 없습니다), ③ 관대와 자비와 감사하는 마음을 바탕으로 한 생활(지금이 행복하다는 걸 충분히 알면서 살아야겠습니다), ④ 인생에 대한 주기적인 고찰과 명상(집착 말고 크게 생각하는 그 무엇을 찾아야 … 인생이 두려워졌습니다),

⑤ 말기암 환자가 편안하게 죽음을 맞이할 수 있도록 돕는 안락사 운동에 동참하자.' "[3]

가끔씩이나마 자신이 최근 수개월 또는 수년 동안 생활해 온 과정을 돌아보고 그 의미를 생각해 보는 사람과 그렇지 않은 사람의 삶에는 어떤 차이가 있을까요? 헤겔은 세계사의 진행 과정을 **정신(이성)이 자신의 본질인 자유를 실현해 가고 진보시켜 가는 과정**으로 이해합니다. 무척 난해한 말 같지만 실상은 그렇지 않습니다. 헤겔에 따르면, 아주 낮은 단계의 정신은 물질과 다르지 않아서 의식을 갖지 못합니다. 소위 "자신에 관해 아무것도 모르는 자연"(nichts von sich wissende Natur)이라는 표현이 의미하는 것이 이것입니다. 그러나 정신이 진보하면 할수록 정신은 자기 의식 내지 자기 반성 능력을 갖게 되고 또 그만큼 자신의 자유를 실현시킬 수 있게 된다고 합니다. "자기 자신을 아는 정신"(sich selber wissender Geist)이 된다는 것이지요.

개인의 정신 발달 과정도 마찬가지입니다. 자신의 삶이 가지는 또는 가질 수 있는 의미를 알고자 하는 자세가 성숙한 정신의 소유자가 보여주는 특징이라고 할 수 있을 것입니다. 그러한 앎을 획득하면 획득한 만큼 그 사람은 자기 삶의 자유로운 주체가 될 수 있을 것입니다. 반면 그러한 앎을 결여하고 있는 사람은 그저 자신에게 (어디로부터인가) 주어지고 처방된, 반복적이고 기계적인 삶을 살 뿐인 것입니다. 자신의 삶을

---

3) http://www.donga.com/fbin/output?from=email&n=200007250480.

되돌아볼 줄 아는 사람만이 현재의 삶으로부터 벗어나려 노력하게 되고, 자율적으로 목표를 설정하거나 선택하여 그것을 실현시키는 삶을 살게 될 것입니다. 이렇게 보면 역사의 의미 문제는 궁극적으로는 인간 실존에 관한 진리의 문제라고도 할 수 있겠습니다. 그러니 역사학자의 과제라기보다는 철학자의 과제인 셈이지요.

물론 역사학자도 의미의 문제를 다룬다고 할 수 있습니다. 그러나 이때의 의미 문제는 철학자의 그것과는 분명 다른 성격의 것일 것입니다. 역사학자들의 기본 관심 중 하나는 어떠한 특수한 사건과 다른 특수한 사건들의 관계를 설명하는 일입니다. 예를 들자면, 왕건의 고려 건국에 있어서 당시 개성 상인들의 경제력, 후백제 견훤의 외교적 무능, (흉년으로 말미암은) 농업국이었던 후백제의 국력 약화 등이 어떤 역할을 했는가 하는 문제입니다. 역사학자들은 이러한 문제를 다루면서 일반 법칙 같은 것을 발견하고자 합니다. 그러나 이것은 어디까지나 **역사 내재적**인 관점에서 한 사건이 다른 사건에 대해서 가지는 의미(역할, 기능, 인과 관계)에 관한 탐구일 것입니다.

반면에 역사철학자가 제기하는 의미의 문제는 역사의 의도(Absicht), 목적(Ziel)에 관한 문제로서 역사 과정의 총체적 진행이 가지는 의미를 그 역사의 바깥에서 제기하는 것입니다. "책상이란 무엇이냐?"라는 물음에 대답하기 위해서는 그 책상을 구성하고 있는 재료 하나하나(예컨대, 다리, 못, 널빤지 등)의 소재나 관계뿐 아니라 그것이 어떤 목적에서 만들어진 것이냐를 알아야 하듯이, "대체 역사란 무엇이냐?"라는 물음에 대답하기 위해서는 개별적 사건 하나하나가 다른 사건에 대하여 가지는 의미보다는, 역사의 최종 목적에 관한 **역사 초월적** 고려가 필수적이라는 것입니다.

이렇게 보면 역사철학자들에게는 특히 보편사적인 관점의 획득 가능성이 중요할 것입니다. 인류 역사의 어느 한 부분 부분의 의미를 문제삼는 것이 아니라, 전체의 의미를 묻기 때문입니다. 우리는, 오늘날에도 보편사적 관점이란 것이 가능한 것인지, 가능하다면 어떤 의미에서 그러한 것인지 하는 물음을 제기할 수 있을 것입니다. 우리는 또 그러한 관점이, 마치 자연과학자가 자연 현상의 관찰이나 실험을 통해 자연 법칙을 발견하듯이 역사철학자가 역사 연구를 통해 그 속에 비밀스럽게 숨겨 있는 상태로부터 발견하는 것인지, 아니면 그들이 주어져 있는 역사적 사실 속에 스스로 투사하는 것인지를 물을 수도 있을 것입니다.

오늘날 상당수 역사학자들은 역사의 의미, 목적 등을 운운하는 것을 시대착오적이라고 말하기도 합니다. 역사학 논문에서 토인비나 헤겔 등의 이름이 나오면 좋은 평가를 받기 어렵다고 단언하는 역사학자도 있습니다. 물론 현대를 사는 우리가 (아우구스티누스와 같이) '신국'(神國)이라든가 그 자신의 고유한 질서와 논리로 자기 스스로를 전개하는 (헤겔에서와 같은) 우주적 '정신' 등의 개념을 갖고서 역사의 의미를 논하기는 어려울 것입니다. 그렇다면 우리에게 남아 있는 가능성은 무엇이겠습니까? 역사학자들이 그때그때의 시대 흐름이나 유행, 분위기 등에 따라서 읽고 파악한 것에 의하여 역사를 해석한 것에 동의하거나 반대하는 것 이외에는 다른 방법이 없을까요? 그래서 결국 우리 시대에 맞는 (부정적인 의미의) 역사주의의 새로운 버전에 만족하는 도리밖에 없을까요?

제 3 장

고대인의 역사의식

1. 역사의식의 출현 배경

서양에서 역사의식이 처음 출현한 곳은 고대 그리스였습니다. 철학자들도 역사에 무관심하지는 않았지만 직접 역사를 다루려 하지는 않았습니다. 그럼에도 불구하고 고대 그리스인은 다른 분야에서와 마찬가지로 역사학에서도 선구자였습니다. 헤로도토스(Herodotos, BC 484-430), 투키디데스(Thukydides, BC 455-400?) 등은 고대 그리스 문화 번성기에 활동한 대표적인 역사가들입니다.

그런데 고대 그리스에서 역사의식이 시작된 데에는 나름대로 몇 가지 배경을 언급할 수 있습니다.

① 그리스에서는 기원전 6세기경부터 인류 역사상 최초로 합리적인 사고 과정이 등장했는데, 역사의식의 출현도 이 과정의 일환으로 볼 수 있습니다. 이 시기에 뮈토스(mythos), 즉 신화적 사유로부터 로고스(logos), 즉 철학적 사유로의 이행이 일어나게 되는데 역사에 관한 관심도 바로 이러한 변화의 한 부분으로 이해할 수 있다는 것입니다. 역사적 사건들에서도 합리적인 근거가 중요시되었고, 이제 더 이상 어떤 권위, 예를 들면 신성한 신화에 근거한 우격다짐 식의 설명이 통하지 않게 된 것입니다.

② 당시 그리스에서 새로운 정치 조직 내지 질서가 형성되기 시작했다는 사실도 주목할 만한 배경 중 하나입니다. 폴리스의 출현과 민중에 의한 지배, 즉 고대 민주주의 제도의 출현이 그것입니다. 새로운 정치 질서와 정치 의식의 출현은 과거와의 대결과 불가분의 관계에 있습니다. 이는 마치 새로운 정권이 늘 과거 역사를 들먹이며 자신의 정체성과 정당성을 확보하려 하는 것과 마찬가지입니다.

과거에 정권이 바뀌면서 국호를 바꾼 것이나(예컨대 '고려'에서 '조선'으로), 최근 정권에서 '역사 바로 세우기', '제 2의 건국' 운운한 것도 같은 이치입니다. 개인이나 가족 내에서도 무언가 새로운 계기가 주어지거나 또는 그러한 계기를 만들려면 과거를 다시 새롭게 보거나 그것을 어떤 식으로든 정리하려는 것이 보통입니다.

③ 폴리스와 폴리스의 관계, 즉 주변국들과의 관계가 심화되면서 자신의 폴리스뿐 아니라 다른 폴리스들의 상황에도 관

심이 증가하게 되었다는 점도 중요합니다. 헤로도토스의 페르시아 전쟁에 관한 서술도 이 같은 폴리스들 간의 관계 심화 현상과 분리해 생각할 수 없을 것입니다.

④ 마지막으로 폴리스들 간의 관계 심화는 다양한 지역들 간의 빈번한 접촉(무역 거래나 전쟁 등과 같은)을 낳았고, 그 이전과는 전혀 다른 새로운 경험을 가져다주었는데, 이 새로운 국제 경험을 이해하고 소화하는 데 좀더 설득력 있는 보편적인 접근 방식이 필요했다는 점을 지적할 수 있습니다. 달리 말해 기존의 신화적인 이해 방식이 무기력하다는 자각이 생겨났다는 것입니다. 폐쇄적인 집단에서 개방된 사회로 나아가기 위해서는 그만큼 국지성을 탈피한 이해 내지 사고의 지평이 필요했다는 것입니다.

2. 헤로도토스

역사학의 아버지로 일컬어지는 그는 페르시아 전쟁과 그리스 문명 주변국들의 지리적인 특성, 풍습, 민족성 등을 기록으로 남겼습니다. 그가 저술한 『역사』(Historia)는 단순히 역사적 사건들을 기록한 저서라기보다는 박물지(博物誌) 내지 여행기의 성격에 가까운 것이었습니다. 우리는 그의 저서 『역사』에서 역사의식의 출현이 동반하고 있는 역사철학적 문제의 발단을 발견하게 됩니다.

그는 1권 「리디아」 편을 다음과 같이 시작하고 있습니다.

"이 책은 사람들이 행했던 사실들에 대한 기억이 쇠퇴하지 않고 오래 보존되도록 하기 위해서, 그리고 그리스인이나 이방인이 보여 주었던 위대하고 놀라운 활동들이 영광스러운 보상도 받지 못한 채 잊혀지는 일이 없도록 하기 위해서, 그리고 동시에 그들의 불화의 원인이 무엇이었던가를 기록해두려는 희망에서 할리카르나수스의 헤로도토스가 조사 연구하여 발행한 책이다."[1]

위의 글에서 우리는 헤로도토스의 의도가 무엇이었는지, 또 그의 『역사』에서 역사적인 것은 어디에서 성립하는지를 짐작해 볼 수 있습니다.

① 그가 서술 대상으로 삼은 것은 과거 **인간**의 행위와 사건들입니다. 헤로도토스 이전의 지식인들의 관심은 신화였을 것입니다. 호머(Homer)의 『일리아스』(Ilias)나 헤시오드(Hesiod)의 『신통기』(神統記, *Theogonie*)는 신이나 아니면 적어도 신적인 인물들의 행적과 계보를 다루었습니다. 그러나 헤로도토스가 이제 세속적 인간들에게 관심의 초점을 둠으로 해서 세속 세계도 그 만큼 가치 있는 연구 대상으로 간주되기 시작한 것입니다.

고대 그리스인들에게 있어 신은 무엇을 의미했을까요? 그들의 신은 유대-기독교 전통의 그것과는 매우 달랐다고 할 수 있습니다.[2] 그들이 무수히 많은 신들의 존재를 말했다는 사실에

---

1) M. I. 핀리 엮음(이용찬 · 김쾌상 옮김), 『그리스의 역사가들』, 대원사, 1991, 32쪽.

서도 엿볼 수 있듯이, 그리스의 신들은 이 세계로부터 초월해 있는 어떤 존재가 아니었습니다. 오히려 이 세계, 자연, 인간 본성과 불가분의 관계를 맺고 있는 것이었습니다. 고대 그리스 사람들은 자연이나 인간 본성에 신적인 것, 인간 이상인 것, 불변적인 질서가 있다고 보고 바로 그러한 것을 신이라고 불렀습니다. 그러므로 "신은 선하다", "신은 사랑이다", "신은 완전하다" 등으로 표현하기보다는, "이것은 신이다", "저것은 신이다", 즉 신을 주어가 아닌 술어처럼 표현했다는 것이 더 적절할 것입니다. 예를 들면, "사랑은 신이다", "우정은 신이다", "바다는 신이다", "질투는 신이다" 등과 같이 말이지요. 그리스인들에게 있어 신은 또한 이 세계의 존재와 그 안에서 일어나는 온갖 변화와 사건들을 이해하기 위한 수단, 그러니까 세계의 존재와 변화의 궁극적인 원인이기도 했습니다. 원인 내지 원인 제공자라는 점에서 그들의 신은 인간의 합리적인 이해를 위한 것이었지 그 이상은, 예컨대 절대적으로 선한 인격적 주체라든가 하는 것은 아니었습니다.

어쨌든 이제 헤로도토스의 역사가 인간 행위, 인간적인 것 — 이것이 전쟁이든 풍속이든 — 을 다룬다는 것은, 결국 초시간적이고 불변적인 질서가 아닌, 시간의 구속을 받는, 따라서 소멸하고 사라져 버릴 수 있는 것들을 다룬다는 것을 의미합니다. 영어의 'mortal'이라는 단어도 '죽을 운명의'라는 뜻과 동

---

2) 이하의 고대 그리스인들의 "신" 개념에 대한 이해는 W. K. C.
   거드리(박종현 옮김), 『희랍 철학 입문. 탈레스에서 아리스토텔레
   스까지』, 종로서적, 1994, 15-17쪽을 참조한 것임.

시에 '인간의'라는 뜻을 지니고 있지 않습니까? 물론 현대의 어떤 학자들은 '포스트-휴먼' 시대의 도래를 예언하면서 사이보그가 인간을 영생하게 만든다고 주장하기는 하지만 말입니다.

② 역사 서술의 방식과 관련해서는 먼저 헤로도토스가 서술 대상 영역을 점점 좁혀가고 있음을 알 수 있습니다. 즉 **경험지 일반**에서 **인간 행위**에 국한했다가, 다시 **위대하고 놀라운 활동들**로 제한하고, 또 다시 그들의 **불화(전쟁)**를, 그리고 마지막으로 그 불화의 **원인**을 밝힌다는 것입니다. 이처럼 모든 경험지 혹은 모든 인간사가 다 역사 서술의 대상은 아니며, 그것들 중 일부만이 선택됩니다. 즉 역사 서술은 근본적으로 선택적입니다.

헤로도토스가 "위대하고 놀라운 활동"이라고 한 것으로 보아 그가 영웅들의 이야기나 전쟁사를 주요 내용으로 삼고 있음도 알 수 있는데, 이것은 그의 역사가 아직 진정한 의미의 세속사가 아니라는 것을 의미할 수 있습니다. 보통 사람들은 근대에 와서야 비로소 역사의 주인공으로 인정받기 시작한다고 할 수 있지요.

다음으로 "불화의 원인"이라는 문구에서는 헤로도토스가 사건들의 시간적인 선후 관계 내지 **인과적 관계**를 주목함으로써 역사 서술의 근본 형태를 제시했다는 점을 읽을 수 있습니다. 여기서 그는 시인들이나 설화 및 신화 서술가들과 자신의 방법을 구분하려는 의지를 보인 것이라고 할 수 있습니다. 즉 진실보다는 아름다운 미사여구를 동원하여 사람들의 욕구를 만족시키는 그들과 달리 자신은 사건의 진실성을 합리적으로 다루겠다는 것입니다. 물론 신화에도 인과응보의 관계는 등장합니다. 예를 들어 어떤 신이 과오를 범하면 저주를 초래하고, 이것은 다시 복수 혹은 속죄 등으로 이어지기 마련입니다.

그렇다면 헤로도토스가 그들과 구별되는 가장 결정적인 점은 무엇일까요? 그것은 아마도 헤로도토스가 사료(史料)에 의거한 서술을 하고 있다는 점일 것입니다. 즉 그는 자신의 서술이 지니는 진실성의 근거가 확실하다는 의식을 가지고 있었던 것입니다. 헤로도토스는 소위 "발로 뛰는 역사가"였다고 할 수 있습니다. 구전(口傳)이나 문헌보다도 자신이 직접 목격한 것을 더 중시하였을 정도로 확실성의 확보를 위해 노력했던 것입니다. 그래서 그는 이집트 멤피스 신전 사제들에 관한 이야기를 듣고 그 사실을 확인하기 위해 직접 테베나 헬리오폴리스 등지로 여행하기도 했으며, 서술할 때에도 "우리가 알고 있는 한에서는 … 했다"라든가, "내가 남에게 듣고 최대한으로 얻을 수 있었던 지식에 의거해 보면 …" 등의 표현으로, 최대한 자신의 기록의 출처와 보고, 전달의 객관성을 유지하고자 노력했습니다. 갑자기 우연이 개입한다든가 어떠한 신의 영감에 따라서 서술의 방향이 달라지거나 하는 일 없이 자신이 직접 목격한 것이나 자신에게 보고된 것, 또 그 중에서 가장 믿을 만한 것에 의거해 적는다는 것입니다.

헤로도토스의 『역사』는 그 기록 수단에 있어서도 서사시나 서정시에서와 같은 시어가 아니라 자연적인 산문 언어를 선택함으로써 인류 최초의 산문 기록 중 하나로 남게 되는데, 이는 인간의 사고와 체험에 과거와 다른 큰 변화가 일어났음을 의미합니다. 산문 기록의 출현은 그 자체가 인간이 자신과 세계에 대하여 객관적이고 사실적이며 이성적인 태도를 취할 수 있게 되었다는 사실을 보여주는 근거가 되기 때문입니다.

③ 역사 서술의 의도와 관련해서는 사건들, 즉 인간 행위의 기록 자체에 의의를 두고 있다는 점이 중요하다고 봅니다. 헤로도토스는 사실에 관한 기억의 보존에 독자적인 가치를 부여한 반면 그것을 넘어서는 의미의 발견에 대해서는 매우 소극적이었습니다. "기억이 쇠퇴하지 않고 오래 보존되도록 하기 위해서, … 잊혀지는 일이 없도록" 하는 표현이 그것입니다. 역사가가 자신의 역할을 사실의 기록과 보존에 제한한다는 것은 앞에서 우리가 언급한 바 있는 '역사 내재적' 의미 파악 작업과 관련시켜 이해할 수 있습니다. 이것은 철학의 관점에서 보자면 불만족스러운 것이지만 오늘날의 역사학자들도 대부분 그러한 역할에 만족하는 것 같습니다.

④ 위의 인용문에는 잘 드러나 있지 않지만 헤로도토스의 『역사』에서 우리는 역사 서술이 지닌 가치중립적 성격도 발견하게 됩니다. 그는 그리스적인 관점에서이기는 하지만 여러 민족들 — 그리스인이냐 야만족이냐의 구분에 크게 비중을 두지 않은 것으로 보입니다 — 의 특이한 문화 습속, 정치 형태와 통치 구조, 이것과 그들의 경제 활동이 갖는 관계, 통치 체제의 변천 과정 등을 다루었는데, 그렇게 함으로써 전쟁을 통해 드러나는 상이하고 대립적인 인간 삶의 형태들과 알력을 소개하는 데 그치고 있습니다. 그는 그것들 중 어느 것이 더 바람

직한 삶의 형태이고 왜 그런지, 또 그것들의 상이한 모습의 배후에 어떤 공통의 원리가 놓여 있을 수 있는지 등의 가능성에 관해서는 적극적인 판단을 보류하고 있습니다. 이는 그가 상이한 에토스(ethos), 즉 인습들을 소개하는 데 그치고, 그 에토스들 사이의 우월성이나 충돌의 문제를 해결하는 데 무관심했음을 의미합니다. 이 나중의 과제는 소크라테스(Sokrates, BC 469-399), 플라톤(Platon, BC 427-347) 등과 같은 철학자의 몫이 됩니다.

⑤ 마지막으로 헤로도토스의 『역사』 서술의 배경을 이루는 시간관에 주목할 필요가 있습니다. 그의 『역사』는 당시 그리스적 시간 개념을 반영하고 있는데, 그가 알고 있던 시간은 하나의 원운동을 하는 주기적인 시간이었습니다. 그래서 그는 아직 미래의 목표를 향해 나아가는 의미심장한 보편사의 과정을 그리려 하지 못했습니다. 그의 시간은 우리가 통상 '무의식적 시간'으로 이해하는 '크로노스'(chronos, Kronos)입니다. 그에게 있어 시간은 인과 법칙적인 반복적 질서를 의미할 뿐이었습니다.[3]

> ④ 그리스 신화 속의 크로노스가 어떤 신인지를 조사하고, 크로노스로서의 시간이 함축하는 철학적 의미를 생각해 봅시다.

---

3) 이 책 제4장 3절 "Kairos로서의 시간"을 참조.

3. 투키디데스

투키디데스는 헤로도토스보다 한 세대 이후의 인물로서 소
피스트들이 활동하던 시기에 살았던 역사가입니다. 그는 고르
기아스(Gorgias, BC 480-380경)와 아낙사고라스(Anaxagoras,
BC 500-428경)에게서 철학을 배웠고 의학 공부도 했다고 전
해집니다. 그는 그리스의 폴리스들 간의 전쟁이었던 펠로폰네
소스 전쟁(BC 431-403)을 기록하였는데, 이 전쟁을 인간의 본
성, 정신, 정치적 힘들 사이의 상호 작용 속에서 일어난 사건
으로 보았습니다.

그는 헤로도토스보다도 한 단계 더 나아가 실제의 사건을
자신이 직접 체험한 것, 다른 체험자의 보고에 의한 것, 일반
적으로 전해지는 내용 등으로 구분하여 그 객관성의 정도를
밝혀 놓고 있습니다.[4] 또한 연대 기록의 객관성을 높이기 위
해 3개국(아테네, 스파르타, 아르고스)의 달력에 따라 기술하
는 치밀함까지 보이고 있습니다. 이러한 그의 냉철하고 합리적
이며, 비신화적이고, 객관적인 서술 방법으로 인해 그는 학문
으로서의 역사 서술의 창시자로 일컬어집니다. 그는 또 수많은
역사적 사건들을 과감하게 생략하고 본질적인 사건들에만 초

---

4) M. I. 핀리 엮음, 같은 책, 224쪽; Willi Oelmüller/ Ruth Dölle-
   Oelmüller/Rainer Piepmeier, *Diskurs: Geschichte*, Paderborn/
   München/Wien/Zürich, [2]1983, 24쪽; Edgar Bein, *Geschichte und
   Geschichtsbewußtsein. Ein Arbeitsbuch zur Philosophie der Ge-
   schichte*, Frankfurt a. M., 1995, 20쪽 참조.

점을 맞추는 등, 역사 내재적인 역동 관계에 관한 깊은 통찰을 보여주고 있습니다.

투키디데스에게 있어 역사란 **인간 본성에 기초를 두고 있는 정치 투쟁의 역사**를 의미합니다. 이때 중요한 것은 인간 본성이 불변하는 한, 과거에 일어났던 사건들은 "같거나 비슷한 방식으로 다시 발생한다"는 관점입니다. 그러나 과연 그러한 불변적 인간 본성이 있는지 또 있다면 그것이 무엇인지를 알아야 할 것입니다. 투키디데스는 역사의 동인으로서 인간 본성의 영역에 속하는 것은 일정한 관습이나 도덕, 교육, 학습 등을 통해 얻어지는 것이 아니라고 하며, 그 예로서 두려움이나 질시, 권력 지향적 성향, 이익의 추구 성향 등을 언급하고 있습니다. 결국 그는 인간의 본성이 폴리스적인 사건, 즉 전쟁에 어떻게 반영되어 나타나는가에 관심을 가지고 그 과정을 서술한 것입니다.

투키디데스는 인간본성 이외에도 역사의 또 다른 동인을 언급하고 있는데 '우연'(tyche)이 그것입니다. 우연의 역할은 인간의 본성적 행위나 그 본성에 입각한 의식적 또는 의지적 행위보다 더 결정적이지는 않으나, 역사적 사건의 전개에 적지 않은 역할을 한다는 점을 인정합니다. 우연 개념은 행복이나 불행과 관련하여 많은 철학자들의 관심을 사로잡았던 개념입니다. 예를 들어 그리스 철학자들은 행복을 'eutychia'(fortuna) 와 'eudaimonia'(felicitas, beatitudo)로 구분하였는데, 전자는 소위 '눈 먼 행운'을 의미하고, 후자는 우리 주관이 느끼는 행복으로서 삶에 대한 이성적 태도의 산물을 의미합니다. 대부분의 고대 철학자들은 후자의 행복을 바람직한 것으로 보았으나 전자의 비중도 결코 무시하지 않았습니다. 그래서 (행)운에 의해 마음의 동요가 생길 필요는 없다고 주장하지만 동시에 우리 삶의 상당한 부분이 그것에 의존한다는 점을 간파하고 그 중요성을 기꺼이 인정한 것입니다. 더욱이 그것은 막상 주어졌을 때보다는 기대할 때가 더 큰 행복감을 주는 것 같습니다. 예를 들면 사람들은 복권에 당첨되었을 때나 노름에서 돈을 땄을 때보다 복권을 구입하거나 카지노에서 돈을 걸고 그 결과를 기다릴 때 오히려 더 행복해 하는 법이지요.

한편 투키디데스는 자신의 역사 서술의 목표를 실용적인 관점에서 찾았습니다. 그는 역사를 읽음으로써 인간이 자신의 본성에 대한 지식을 획득할 수 있고, 그 결과 미래에 일어날 일에 대해 판단하고 예측할 수 있다고 보았습니다. 다시 말해 인간 본성에 대한 지식은 역사의 진행 과정에 대한 통찰을 가능케 해주고 특히 미래에 다가올 정치적 전개 상황을 미리 대비할 수 있게 해준다는 것입니다. 이로써 투키디데스는 소위 '**실용적 역사**'(pragmatic history)의 창시자가 됩니다. 실용적 역사는 18, 19세기에 활발히 논의된 바 있는데, 역사 서술에서는 연대기나 보고서의 서술 방식과 달리 역사적 사건을 그 원인(행위 주체의 동기, 의도, 목표)과 결부시킴으로써 독자로 하여금 교훈을 얻게 하고, 인간들이 자신의 행위에 관한 이해를 통하여 삶에 도움을 얻을 수 있도록 해주어야 한다는 것입니다. 그래서 역사는 한 마디로 '삶의 스승'(magister vitae)이라는 것입니다.5)

그런데 투키디데스도 헤로도토스와 마찬가지로 역사의 진행과 관련하여서는 기본적으로 그리스의 순환적인 시간 의식을 갖고 있었습니다. 모든 사물은 그 본성상 성장과 쇠퇴라는 양면을 가지고 있으므로 어떠한 사건도 진정한 의미에서 새로운 것일 수 없다는 것입니다. 그래서 나중 세대들이나 개인들은 역사를 공부함으로써 어떤 주어진 상황 속에서 좀더 현명하게 또는 다른 방식으로 그 상황에 대처할 수 있으나, 역사 자체의 본질은 결코 불변한다는 것입니다. 즉, 역사는 인간 본성에 따라 비슷한 방식으로 재현된다는 것입니다. 이런 의미에서 투키디데스는 역사의 미래에 대한 개방적인 지평(새로운 가능성)이나 역사의 궁극 목적 등을 상정하지 않았습니다. 그에 의하면 역사적 사건들의 일정한 진행 과정을 판단할 어떠한 객관적 기준도 (예컨대 도덕적 가치의 실현 정도 등과 같은) 존재하지 않습니다.

---

5) 18세기의 사가 쾰러(Johann David Kö[h]ler, 1684-1755)는 그의 『실용적 역사에 관하여』(De historia pragmatica, 1741)에서 실용적 역사를 다음과 같이 정의합니다: "historia, quae simul institut lectorem quae ipsi in vitae civili utilia vel noxia sectanda vel fugienda sunt"; [실용적 역사는] 독자에게, 무엇이 공적인 삶 가운데 그 자신에게 유용하거나 해로운지, 추구되어야만 하고 피해져야만 하는지를 동시에 가르치는 역사[이다]"(M. Hahn, "Geschichte, pragmatische", in: Historisches Wörterbuch der Philosophie, hg. v. Joachim Ritter, Bd. 3, Basel/Stuttgart, Sp. 402에서 재인용.)

4. 폴리비오스

폴리비오스(Polybios, BC 200-120)는 로마가 그리스 도시국가와 같은 하나의 도시국가로부터 서서히 세계국가로 성장해 나가는 과정을 서술하였습니다. 그는 로마와 카르타고의 전쟁부터 카르타고와 코린트 멸망까지의 시기를 다루었는데, 헤로도토스나 투키디데스보다 훨씬 넓은 무대 위에서 지중해 지배권을 놓고 벌어진 전쟁(포에니 전쟁) 과정을 그 내적인 연결고리를 따라 추적하였습니다. 이 작업은 그에게 역사 서술과 정치 사상에 대한 새로운 과제를 부과했습니다. 폴리스의 차원을 넘어선 명실상부한 국가들 간의 상호작용과 지중해의 거대한 두 문화들 간의 충돌에 대한 확장된 역사적 시각은 그에게 이제 이른바 '**보편사적 관점**'에 대한 의식을 가능케 했습니다.

우리가 그에게서 발견할 수 있는 보편사적 관점의 특징은 다음과 같습니다. 그는 당 시대의 역사를 만들던 국가들(로마, 카르타고)의 상호 관계를 포괄하고, 바로 이 관계로부터 개별 정치적 사건 진행들의 관계를 이해하고자 노력했습니다. 그는 이탈리아, 아시아, 그리스, 아프리카에서의 사건들이 서로 긴밀한 연관 속에 있으며, 그것들 모두가 로마의 세계 지배를 가져오게 했다는 점을 밝히고자 했습니다. 다시 말해 하나의 범세계적 조망 속의 역사를 시도한 것이고, 이를 위해 개별 국가들의 역사를 넘어서 보편적 진행과정을 지향하는 새로운 방식의 역사 서술을 시도한 것입니다.

폴리비오스에 따르면 역사가 비극 등의 예술과 다른 점은 엄격한 진실만을 재현시키는데 있다고 합니다. 그래서 사가는 독자를 현혹시키기 위할 목적으로 놀라운 기적이나 신화적 설화, 권력자에 대한 아첨, 개인적인 애국심에 기인한 편파성, 비객관성, 불필요한 비방, 문학적 욕심 등에 호소하는 일을 피해야 한다고 합니다. 그러나 진실의 전달만이 능사는 아니며 독자에게 유익한 역사가 되기 위해서 어떤 특정한 역사의 진행을 가능하게 한 인과 관계를 들어내 주어야 한다고 합니다. 외형적인 사건들과 권력 관계를 그저 '무엇이', '언제', '어디에서' 등의 관점에서 서술하는 것이 아니라, '어떻게', '왜' 등의 관점을 고려하여, 그 원인, 의도, 심리학적 기초까지도 보여주어야 한다는 것입니다. 즉 하나의 최종 목적을 향한 각 사건들의 총체적 인과 관계가 곧 역사를 유기체처럼 보이게 해주어야 한다는 것입니다.

폴리비오스 역시 투키디데스와 유사하게 역사 서술의 목적을 실용적인 데에서 찾았습니다. 즉 역사적 사건들에 관한 지식이 독자들로 하여금 앞으로 다가올 일에 대해 올바른 판단 기준을 갖게 해주는 교사 역할을 한다는 것입니다. 역사는 인간에게 교훈과 유용성을 준다는 것이지요. 그러나 이때 교훈은 반드시 도덕적인 것을 의미하지는 않습니다. 역사 공부를 통하여 사람들은 로마의 정치 또는 군사적 탁월성과 위대함을 가능케 한 지식과 원리들— 이것들은 그가 보기에 그때까지 유래가 없었던 어마어마한 인간의 작품들이었습니다—을 제공받을 수 있다는 것입니다. 그러한 지식은 세상의 거친 파도를 헤쳐 나가야 하는 개인과 국가에게 아주 유용한 처세훈일 수 있다는 것이지요. 이런 의미에서 폴리비오스에게 있어 역사는 정치학 내지 군사학 교과서를 겸한 처세술 교본이었다고 할 수 있을 것 같습니다.

역사의 동인과 관련하여 폴리비오스는 특정한 이익이나 목적을 실행하기 위한 인간의 지성적인 판단과 의지를 중시합니다. 그리고 그러한 인간의 판단과 의지의 노력을 잘 보여주는 것이 정치 권력 내지 체제의 변화라고 합니다. 그는 이러한 정치 체제의 순환 질서를 ① 왕정, ② 참주정, ③ 귀족정, ④ 과두정, ⑤ 민주정, ⑥ 중우정으로 구분하였습니다. 그 자신은 가장 좋은 지배 형태를 ①, ③, ⑤의 복합 형태로 보았는데, 이는 로마의 1인 통치자와 원로원, 민회를 염두에 둔 것입니다.

폴리비오스도 역사의 동인으로서 우연을 인정했습니다. 우연은 역사적 사건들 중 도저히 설명이나 이해가 불가능한 사건의, 즉 역사의 불가사의를 위한 것입니다. 전혀 예기치 못한 비합리적인 원인이 존재한다는 것인데, 그는 이것을 신의 뜻과 연관짓기도 하였습니다. 폴리비오스는 하나의 도시국가로부터 로마라는 세계국가가 성립하는 과정을 직선적인 발전 과정으로 보고 있으나 국가 체제는 순환한다고 보았습니다. 즉 그 역시 모든 지상의 사물들이 순환 과정 속에 있다는 그리스적 사고(그는 원래 그리스 출신!)를 벗어나지 못한 것입니다. 탁월한 로마 제국도, 마치 페르시아가 작고 보잘것 없던 마케도니아에게 망하고, 마케도니아가 다시 자멸하다시피 했듯이 결국은 몰락하리라고 보았습니다. 후세 학자들은, 그가 로마 세력

의 발흥기에 살았으나 그리스인 고유의 차가운 이성을 잃지
않았고, 그래서 로마의 막강한 힘과 부, 번영이 다시 귀족제적
인 질서의 타락과 민주제 그리고 중우 정치를 가져올 것을 예
언할 수 있었다고 합니다.6)

5. 고대 그리스 철학자들의 역사의식

앞에서 '역사'와 '철학'이라는 두 개념의 설명을 통해 이미
짐작할 수 있었듯이 고대 그리스의 철학자들은 역사에 그다지
관심을 두지 않았습니다. 그러나 그렇다고 해서 그들이 역사나
시간의 문제에 관해 전혀 아무런 반성도 하지 않은 것은 아닙
니다.

이오니아 학파와 더불어 그리스 철학 초기의 중요한 사상가
인 피타고라스(Pythagoras, BC 6세기경)가 만물의 생성 소멸
과정을 지배하고 있는 원리, 즉 아르케(arche)를 수로 보았다
는 사실은 잘 알려져 있습니다. 우주의 형성 자체가 비형체적
인 것으로부터 형체적인 것으로의 이행이라고 본 것인데, 이는
기본적으로 한계가 없는 것이 한계를 부여받는 것을 뜻하며,
무질서한 것에 (수량적인) 질서가 부과됨을 의미합니다. 그래
서 탄생하는 것이 'cosmos', 즉 우주, 질서, 아름다움입니다.

---

6) Wilhelm Dilthey, "Das achtzente Jahrhundert und die ges-
   chichtliche Welt", in: ders., *Gesammelte Schriften*, Bd. III,
   Stuttgart, ⁴1969, 214쪽 참조.

비단 피타고라스뿐 아니라 그리스적 사고의 일반적인 특성 가운데 하나는, 세계 현상의 규칙성, 예컨대 밤과 낮, 계절의 순환, 별들의 완벽하고 영원한 운동 등이 보여주는 불변적 질서가 그 자체로 아름답고 좋은 것이라는 생각입니다. 전체로서 완결되어 있고 (한계 지워져 있고) 형태를 갖춘 것만이 의미가 있고 이해가 가능하며 아름답다는 것입니다. 'Cosmetic'이라는 단어가 화장품을 의미하게 된 것도 이런 배경에서 이해할 수 있지요.

아무튼 고대 그리스인들은 이렇게 일정한 한계와 질서에 의해 운행되는 삼라만상의 변화(반복적, 주기적, 순환적인)가 곧 역사의 조건이자 한계가 되는 것으로 간주했습니다. 그래서 진보해 간다고 여겨지는 모든 정치적, 정신적, 문화적 질서들도 일정 기간 머물다가 사라지며, 순환 운행의 한 고리에 불과하다는 확신이 지배적이었습니다. 이러한 확신은 플라톤에게서도 발견됩니다. 플라톤의 시간 역시 수에 따라 정확하게 움직이는 우주의 운행 질서처럼 반복적이고 순환적인 것이었으며, 영원한 질서를 모방하고 있는 것이었습니다. 그는 『국가론』 (546a)에서 그리스의 전형적인 시간관을 끌어들여 통치 체제의 변화를 설명하면서 다음과 같이 말합니다.

"아무리 동요하기 어렵고 확고한 구조를 가진 것일지라도, 모든 존재자들은 결국 소멸하기 마련이므로, 그와 같은 구조 자신도 영원히 존속하지는 못한다. 즉 언젠가는 해체되고 말 것이다. 이와 마찬가지로 지상에서 자라는 식물들뿐 아니라 모든 피조물들은 그들 각각의 종에 부여된 생명의 길이가 다르며, 정신이나 물체 할 것 없이 모두 짧거나 긴 주기에 따라서 결실의 시기와 그렇지 않은 시기를 갖기 마련이다."[7]

이러한 생각을 바탕으로 플라톤은 통치 체제의 변화를 귀족정, 금권정, 과두정, 민주정, 전제정의 순환 질서로 설명했습니다. 그에게 있어 시간은 과거, 현재, 미래로서 영원히 반복해서 존재하는 무엇이라고 할 수 있고, 이런 의미에서 진정으로 생성, 변화하는 것이라기보다는 그저 존재하기만 하는 것이라고 할 수 있습니다. 그래서 그의 철학은 흔히 존재 우위의 철학으로 간주됩니다. 플라톤의 역사적 세계는 고로 진정으로 존재하는 것(idea)을 모사하고 있는 세계입니다. 따라서 역사적 사실은 생성과 소멸이라는, 존재론적으로 열등한 차원에 속한다고 할 수 있습니다. 그리고 그것은 철학의 인식 대상이 아닌 것입니다. 그것은 개별적인 사건, 사실들로서 이데아와 대립된 '억견'(doxa)의 세계에 속할 뿐입니다.

아리스토텔레스(Aristoteles, BC 384-322)도 플라톤과 크게 다르지 않았습니다. 그에 의하면 역사는 다음과 같습니다.

① 역사는, 어느 누군가가 자신의 의도나 어떤 소질, 기타 그가 처해 있는 상황이나 조건들에 따라서 필연적으로나 아니

---

7) *The Republic of Plato*, trans. with Introduction and Notes by Francis MacDonald Cornford, New York/London, 1964, 268쪽 이하.

면 적어도 개연적으로 하고 있는 일이나 하게 될 일을 고찰하는 것이 아니라, 그가 실제로 무엇을 했는가 하는 것만을 다룬다고 합니다. 다시 말해 회고적 사실성을 다루는 작업, 즉 앞으로 다가올 수 있는 일을 예견하는 것이 아니라, 이미 일어난 일을 추후적으로 확인하는 작업에 불과하다는 것이지요. 그런데 학문이 학문이기 위해서는 최소한 개연적인, 즉 그럴법한 예견을 해줄 수 있어야 하고, 규칙이나 법칙을 발견하여 이론화할 수 있어야 하는데 역사에서는 이것이 불가능하다는 것입니다.

② 역사는 특수한 사실에 관해 말한다는 것, 즉 특정한 인간이 특정한 시기와 장소에서 행한 특정한 행위가 (경험된 것으로서) 문제되는 것이지, 보편적 존재로서의 인간을 다루거나 시공의 제한을 초월하여 보편적으로 타당한 사건을 다루는 것이 아니라는 점을 지적합니다.

③ 역사가 다루는 사건들은 합리적으로 의도된 것들이라기보다는 의도되지 않거나 우연적인 일들이므로 학문의 지위에 이를 수 없다고 합니다. 예를 들어 누군가가 여러분의 오늘의 역사를 말해 보라 했을 때, 그저 학교에서 공부하고 돌아왔다는 사실을 말하지는 않을 것입니다. 오히려 도중에 엉뚱한 일을 경험했거나 전혀 의도하지 않았던 일인데 발생한 일 — 불량배에게 지갑을 털렸거나, 버스 안에서 초등학교 동창을 만났다든지 하는 일 — 을 말하려 할 것입니다. 그러므로 아리스토텔레스도 플라톤과 유사하게 역사를 철학자가 종사할 만한 작업은 아니라고 본 것입니다.

④ 『시학』의 다음 내용을 읽고 아리스토텔레스의 역사관을 비판해 봅시다.

"더욱이 앞에서 말한 것으로부터 명백한 사실은, 시인의 역할이 실제로 일어난 일을 알려주는 것이 아니라, 일어날 수 있는 일 — 개연성 혹은 필연성의 법칙에 따라 일어날 수 있는 일을 알려주는 데에 있다는 것이다. 역사가와 시인의 차이점은 운문을 사용하느냐 아니면 산문을 사용하느냐가 아니다. 헤로도토스의 작품은 운문으로도 고쳐 쓸 수 있었을 것이지만, 그래도 그것은 운율이 있든 없든 여전히 일종의 역사일 것이다. 진정한 차이는, 한 사람은 실제로 일어난 일을 다루며, 다른 사람은 일어날 수 있을 일을 다룬다는 점이다. 고로 시는 역사보다 더 철학적이고 더 고차원적이다. 왜냐하면 시는 보편적인 것을 표현하는 경향이 있고, 역사는 특수한 것을 표현하려는 경향이 있기 때문이다. 나는 보편적인 것이란 말로, 어떤 유형의 인간이 이러저러한 경우에 개연성 혹은 필연성의 법칙에 따라 말하거나 행동으로 옮기는 방식을 의미한다. 시가 등장인물들에게 고유의 이름들을 부여하더라도 그것이 의도하는 것은 이러한 보편성이다. 특수한 것이란, 예컨대 알키비아데스가 무엇을 행하였거나 또는 당했는가를 의미한다. …
서술의 형식을 띠며, 운율을 사용하는 시적인 모방에 관해서 말하자면, 그 줄거리는 비극에서처럼 드라마적인 원리들에 의해 구성되어야 한다는 점이 명백하다. 즉 그것의 주제는 시작과 중간과 끝을 가진, 하나의 전체적이고 완결된 행위이어야만 한다. 그렇게 함으로써 그것은 통일성을 두루 갖춘 유기체와 유사하게 되며, 그것에 어울리는 쾌의 감정을 산출

할 수 있을 것이다. 그것은 구조상 역사적 글들과는 다르다. 후자는 반드시 하나의 행위를 취급하지 않으며, 한 시기를 다루되, 그 시기 안에서 한 사람 또는 여러 사람들에게 일어난 모든 것을 다룬다. 그러나 그 사건들은 전적으로 우연적인 관계들 속에 놓여 있어도[즉, 서로 연결되지 않아도] 된다. 살라미스 해전과 시칠리에서의 카르타고인들과의 전투는 동시에 일어난 것이지만, 하나의 결말을 낳은 것이 아닌 것처럼, 일련의 사건들은, 한 사건이 다른 사건을 뒤따라 일어나더라도 그것에 의해 하나의 통일적인 결과가 산출되는 것은 아니다. 그런데 대부분의 시인들의 작업은 그러한 식으로[즉, 통일적인 결과를 산출하는 식으로] 이뤄진다." *

---

* Edgar Bein, *Geschichte und Geschichtsbewußtsein. Ein Arbeitsbuch zur Philosophie der Geschichte*, 31쪽 이하에서 재인용(보충 필자).

제 4 장

유대 및 기독교적 역사관

1. 성립 배경

이번에는 로마 제국의 성립과 더불어 등장한 새로운 역사의식인 유대 및 기독교의 역사관에 대해 알아봅시다.

로마 제국의 지배는 세 가지 문명권의 접촉을 가능케 해주었는데 그것들은 다음과 같습니다.

① 먼저 로마라고 하는 거대한 세계국가가 그것입니다. 로마의 성립은 고대 폴리스의 차원을 훨씬 넘어서는 정치 세력의 등장을 의미합니다. 제도적으로나 규모 면에서 그 이전과는 비교가 안 되는 전혀 새로운 질서의 출현을 뜻하지요. 영화

『글래디에이터』를 본 사람들은 주인공 막시무스와 철인 황제 아우렐리우스의 대화 장면을 떠올려 보기 바랍니다. 그들은 무엇을 위해 평생을 전쟁터에서 보냈다고 했습니까? 막시무스의 겸손한 대답은 한마디로 "로마의 새롭고 위대한 질서를 전파하기 위해서"라고 요약될 수 있을 것입니다.

② 다음은 고대 그리스의 학문 보급을 들 수 있습니다. 그리스 지역은 정치적으로나 군사적으로 비록 로마의 지배 하에 들어갔으나, 그 수준 높은 문화는 오히려 로마를 점령해 버리고 말았습니다. 로마의 귀족들은 그들의 신분이나 교육 수준을 과시하기 위해 그리스 풍의 삶을 유행처럼 구가했습니다. 특히 그리스의 언어, 학문, 예술, 건축 등은 로마인들에 의해 학습되고, 모방되고, 재현되었습니다.

③ 마지막으로 유대-기독교라는 계시 종교의 급속한 전파입니다. 이것은 우리가 이미 공부한 고대인의 역사관과는 획기적으로 구분되는 새로운 역사의식의 형성에 결정적인 역할을 수행하게 됩니다. 물론 이것은 그리스의 선진 문화와 로마의 조직화된 통치 질서 체제의 도움이 없이는 불가능한 일이었습니다. 이때 새로운 역사의식은, 폴리비오스가 갖고 있던 보편사로서의 역사에 대한 의식이, 유대-기독교 전통과의 접촉을 통해 시간적으로나 공간적으로 더욱 확장된 것으로 볼 수 있습니다. 물론 유대-기독교의 역사의식 내지 시간관은 학문적인 것이었다기보다는 종교적인 관심에서 형성된 것이었습니다.

2. 유대-기독교적 역사관의 특징

유대-기독교의 전통과 접촉하기 이전의 역사는 대개 어떤 인상적인 사건들(전쟁이나 정치와 관련된), 예컨대 페르시아 전쟁, 펠로폰네소스 전쟁, 로마의 성립 등을 그 출발점으로 삼았습니다. 그러나 그들이 갖고 있던 시간 의식, 즉 크로노스로서의 시간이라는 관점에서 볼 때 그러한 사건들은 근본적으로 새로운 것들이라 할 수는 없는 것들이었습니다. 그리스인들은 시간에는 어떠한 궁극적인 종말도, 시작도 없다고 보았기 때문이지요. 역사적인 사건들은 그것들이 아무리 위대하고 놀라운 것일지라도 결국은 반복적으로 순환하는 시간 안의 일들에 불과할 테니 말입니다. 그리스 신화에서는 데미우르고스(Demiourgos)라는 신이 혼돈으로부터 우주의 질서와 시간을 만들어내었다고 합니다. 즉 그의 시간은 영원한 우주의 운행 질서를 모방한 것이라고 할 수 있고, 이런 의미에서 그리스적 시간은 '자연적인 무엇'이라 할 수 있습니다.

반면 유대-기독교 전통에서는 시간을 어떻게 설명합니까? 그것은 신에 대한 인간의 불복종 행위로부터 비롯된다고 봅니다. 즉 여기서 시간은 '인간적인 무엇'으로 이해되고 있다고 할 수 있습니다. 그런데 여기서 우리는 유대교적 시간과 기독교적 시간을 구분해 볼 수 있습니다.[1]

---

1) 유대-기독교 전통의 시간관에 관한 이하의 논의는 칼 뢰비트(Karl Löwith), *Meaning in History. The Theological Implications of the Philosophy of History*, Chicago/London/Toronto, 1955의 11

유대교적 시간 : 시간은 하나님의 세계 창조와 인간의 불복종, 그리고 낙원으로부터의 추방에서 시작됩니다. 그러나 이 시간관에서 가장 중심적인 사건은 미래에 놓여 있다고 할 수 있습니다. 즉 유대인들이 믿는 구세주, 메시아에 대한 기대가 시간 구분에 결정적인 역할을 합니다. 따라서 이 시간관에서의 시간은 방황하고 있는 현재와, 메시아가 출현할 무한한 미래의 시기(aeon)로 양분된다고 할 수 있습니다.

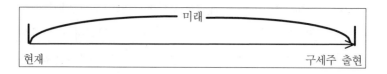

기독교의 시간 : 여기서는 유대교에서보다 구원사(history of salvation)의 개념이 더 중요한 역할을 합니다. 즉 예수 그리스도의 출현 — 이것은 미래가 아니라 현재 완료의 시점인데 — 을 중심 사건으로 하여 그 이전과 이후의 시대로 구분된다고 할 수 있습니다. 다시 말해 예수의 탄생을 기준으로 BC와 AD의 대칭 관계로 표상되는 시간관이 지배적이게 됩니다.

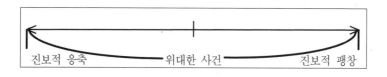

장 「성서적 역사관」을 참조.

이렇게 보면 유대-기독교적(히브리적) 사고에서 역사란 곧 구원사라고 할 수 있습니다. 다시 말해 하나님의 섭리에 의해 설정된 '대우회'(great detour)의 길을 뜻한다는 것이지요. 역사란 신으로부터 출발하는데, 인간이 원죄로 인해 방황하는 소외의 과정을 거쳐 다시 신에게로 복귀해 가는 과정으로 이해된다는 것입니다. 유대-기독교적 전통에서는 인간의 죄와 신의 구원이 역사 사건 자체는 물론이고 역사적 시간의 소요를 요구하고 또 정당화시킨다고 할 수 있습니다. 인간의 원죄와 그것에 대한 궁극적인 속죄의 개념이 없이는 역사가 이해될 수 없다는 입장인 것입니다. 원죄와 속죄의 중간 과정을 이루는 지속적이고 다양한 사건들은 신의 소명과 그것에 대한 인간의 반응으로 만들어지는 것이고 이것이 곧 역사의 내용이라는 것입니다.

성경에는 신약, 구약 할 것 없이 '역사'라는 단어가 거의 등장하지 않는다고 합니다. 기껏해야 우리말 '연대기' 정도에 해당하는 표현인 'dibre ha-jamin'이라는 단어가 구약에 보일 뿐이라고 합니다. 그러나 초기 기독교 신학자들은 역사의 문제를 고려하지 않을 수 없었습니다. 그 이유는 이론적인 해결을 필요로 하는, 한 신앙적인 문제가 그들을 괴롭혔기 때문입니다. 그것이 무엇이었을까요?

그것은 구세주의 등장과 그의 죽음 및 부활, 그리고 그의 재림, 즉 최후의 심판에 관한 것이었습니다. 우리는 초기 기독교도들이 예수의 재림 및 최후의 심판 시기가 그들 자신의 생애 가운데 경험될 수 있으리라고 믿었다는 점을 염두에 두어야 합니다.2) 그런데 실제는 그들의 기대가 실현되지 못했고, 따라서 신학자들 혹은 초기 교부들은 그러한 기대가 충족되지 못한 현실을 설명해 주어야 할 필요성 내지 압박감을 느꼈을 것이라는 겁니다. 그러므로 기독교가 한갓 사이비 종교로서 역사의 뒤안길로 사라져 버리지 않을 수 있었던 것은, 그들의 역사 철학적 작업이 있었기 때문이었다고도 말할 수 있을 것입니다.

유대-기독교적 역사관에서는 역사의 목적을 어떻게 설명할까요?

그리스적 고대 세계의 역사는 주로 실용적인 목적, 즉 인간 본성이나 정치적 교훈을 가르치는 역할을 한다고 했지요? 이제 성서적 역사관에서는 **도덕적이고 미래지향적인 교훈**이 관심사가 된다고 할 수 있습니다. 즉 신의 의도와 명령에 충실한 삶을 촉구한다는 의미에서 그렇다고 할 수 있습니다. 처음에 이러한 생각은 이스라엘 민족에 국한되었지만 점차 인류 모든 개개인에게로 확대됩니다.

위와 같은 성서적 역사 혹은 구원사적 역사는 근세 서양의 역사에서 자주 세속사와 갈등을 겪게 됩니다. 그래서 어떤 사람은 세속적 역사를 종교적으로 해석하는가 하면, 그 반대로 계시 종교의 역사를 세속사적 관점에서 재구성하려는 시도가 나타나기도 합니다. 전자는 보쉬에, 후자는 볼테르가 대표적입니다.3)

---

2) 고린도 전서 15:51, 데살로니가 전서 4:15 참조.

3) 이 책 제 7 장 2절 "『에세이』의 의도와 그의 역사관의 특징" 참조.

3. Kairos로서의 시간

마지막으로 우리는 신학자 틸리히(Paul Tillich)가 그의 글 *Kairos*에서 상세히 다룬 바 있는 '카이로스'라는 시간 개념을 알아보겠습니다. 오늘날 우리가 모든 역사적 시간을 과거, 현재, 미래로 나누는 형식적 구분을 아주 자연스럽고 자명하게 생각하는 것은 유대-기독교 전통의 사고가 습관화된 결과일 것입니다.4) 사실 유대-기독교적 전통이 서양에 소개되기 전까지는 시간의 선후 구분은 무차별적인 양적 구분, 즉 역사적 사건의 질적 차이를 무시한 구분에 불과했다고 할 수 있습니다. 크로노스라는 개념으로 표현되는 그러한 시간은 **형식적이고 양적이며 무차별적이고 중립적인 시간**을 말합니다. 크로노스 신이 자신의 아버지 우라노스를 처치하고 자신의 자식들을 계속 잡아먹었다는 신화 내용은, 크로노스가 **과거에 무관심하고 미래 역시 끊임없이 현재화함으로써 없애버리는 시간**임을 암시해 줍니다.

그러나 히브리적 사고는 일회적이고 결정적인 사건에 주목합니다. 특히 기독교도들에게 있어 현재는 무차별적인 그저 한 순간이 아니라, **미래와 과거의 지평을 열어주는 결정적인 순간, 절호의 순간**, 즉 카이로스입니다. 다시 말해 그들에게 있어 현재는, 준비로서의 과거와 완성으로서의 미래를 통합시켜 주는 장소인 것입니다. 물론 가장 결정적인 사건은 그리스도의 출현

---

4) 뢰비트, 같은 책, 11장 참조.

("한 번 일어난 마지막 사건"[a single once-for-all])입니다만, 기독교적 사고는 언제나 결정적인 순간을 주목하고 강조합니다. 신학적으로는 논란의 여지가 있겠지만, 지옥과 천국의 갈림길도 회개의 한 순간이 결정한다고 할 수 있을 것입니다.

크로노스라는 중립적인 시간에서 현재(지금)는 동물적인 시간, 무의식적인 시간으로서의 현재에 불과합니다. 그러한 '지금'의 앞과 뒤 역시 결코 특별한 과거와 미래를 구성한다고 볼 수 없습니다. 그것들은 모두 단순히 동질적 사건과 시간의 연속에 불과하다고 할 수 있습니다. 이렇게 본다면 진정한 의미에서의 시간 의식, 즉 **의식화된 것으로서의 시간**에 대한 개념은 유대-기독교적 전통과 긴밀한 관계에 있다고 할 수 있습니다.

근대에 들어오면서 그러한 절대적 의미를 지닌 중심 사건에 대한 믿음의 많은 부분이 상실되지만, 그 시간적 선후의 관계에 관한 관점은 그대로 유지됩니다. 쉽게 말해 현재를 중심으로 과거를 현재의 준비 기간으로 보고, 미래를 현재의 완성으로 보는 관점은 존속한다는 것입니다. 이것은 또 달리 표현하자면, 기독교적 구원사가 '진보적 진화'라는 세속적이고 비인격적인 목적론으로 대체된 것이라고 할 수 있습니다.

> ⚡ 근대에는 분명 결정적인 사건에 관한 믿음(종교적인 믿음)이 퇴조하였는데도 불구하고 어떻게 과거, 현재, 미래라는 질적인 시간 의식이 유지될 수 있었을까요?

제 5 장

아우구스티누스: 『신국』의 직선적 발전사관

1. 작품 성립의 배경과 그 내용

1) 고대인의 역사의식과 유대-기독교적 역사의식의 비교

역사서술이 그리스에서 시작된 것은 사실이며, 이것은 또한 역사의식의 발단이 그리스에서 이루어졌음을 의미합니다. 그러면 그때의 역사가들은 어떤 사람들이었습니까? 이미 알아본 대로 그들은 역사가인 동시에 여행가들이었다고 할 수 있습니다. 여행객들의 일반 특징은 무엇입니까? 추측컨대 그들에게 있어 역사의 의미나 목적 등은 그들의 관심 밖의 일이었을 것입니다. 그들은 오로지 다양하고 특수한 사실들, 그리고 그 사실들의 발생원인 등을 탐구하는 데 전념하였던 것입니다. 다시 말해 다양하고 특이한 사실들, 영웅적인 행동들, 전쟁이나 정치적 대변화 등을 경험하면서 그것들의 합리적인 원인을 탐구하였다는 것이죠. 그리고 이때 인간의 본성이나 의지, 지적인 노력, 신의 증오나 시기 등을 그러한 원인으로 간주하였습니다. 이러한 점에서 그것은 자연과학적인 탐구방식과 매우 유사하다고 할 수 있습니다. 역사는 자연과의 유비 속에서 이해되었고 시간은 자연현상과 근본적으로 독립된 무엇이 아니었다고 할 수 있습니다. 이는 곧 역사에는 근본적으로 새로운 것이 없었음을 의미합니다. 특히 그리스의 철학자들에게 있어 역사는 덧없는 변화와 운동의 산물에 불과한 것이었고, 올바른 지혜에 대한 교육이나 참다운 앎과 실천에 의해 불필요하게 될 무엇이었던 것입니다.

그러나 히브리 세계에서 역사서술은 학문적 관심이나 인식적 관심으로부터 시작하지 않았습니다. 그것은 신의 계획에 대한 반성에서 비롯된 것이었으며, 신의 의도와 명령에 대해 불복종하여 처벌받고 다시 용서를 구하는 그들 민족과 신과의 관계에 관한 것이었습니다. 따라서 이러한 히브리적 역사에서는 역사의 계획성이라든가 의미를 고려하는 것이 매우 자연스러운 일이었다고 할 수 있습니다. 합리적으로 정치나 전쟁의 원인을 설명하고 교훈을 전달하려는 의도보다는, 민족적 차원에서 책임의식(선민의식)을 가지고 올바른 삶의 길을 갈 것을 호소하려는 의도를 지닌 것이었습니다. 그래서 역사 내재적이고 불변적인 본성이나 어떤 메커니즘을 발견하는 것이 아니라,

신에게 불복종했던 과거의 잘못을 반성하고 현재의 책임감을 강조하며, 미래에 대한 약속을 그 주요 내용으로 합니다. 한편 기독교의 성립과 더불어 히브리 민족의 회개와 복종에 의해 도달 가능한 것이었던 역사의 목표는, 전 인류의 회개와 복종으로 확대되었습니다. 완전하게 새로운 시대의 도래를 목표로 삼는 이러한 구원사로서의 역사는 역설적이게도 역사의 종말을 말하는 종말론적 역사이기도 합니다. 즉 역사에는 최종 목적이자 끝이 있다는 것입니다.

2) 『이교도들에 대항하는 하나님의 국가에 대하여』(De civi-
tate Dei contra paganos, AD 412-426)의 내용

401-410년 무렵 로마는 서고트 족의 지도자 알라리쿠스 (Alaricus)에 의해 침략당하고 약탈당하는 수모를 겪습니다. 이를 계기로 로마에는 기독교인들이 로마의 신들을 경배하지 않았기 때문에 그러한 일이 일어난 것이라는 소문이 퍼지게 됩니다. 한편 다수의 기독교인들은, 로마가 곧 신국이라 믿고 있었는데 이 사건을 계기로 그러한 믿음이 흔들리게 됩니다.

제1부의 내용 : 아우구스티누스(Augustinus, AD 354-430)는, 기독교가 아니라 그때까지 남아 있던 다신 숭배가 예로부터 내려오는 덕목들과 로마 국가를 위기에 몰아넣었다고 주장합니다. 기독교의 신, 즉 하나님이 이미 로마의 번영을 도왔던 것은 사실이나, 그것은 이 지상에서 인류의 이익을 대변하고 더 나쁜 악을 처벌하기 위함이었다고 합니다. 그러나 로마 제

국이 곧 신의 국가는 아니며, 단지 세속적인 세계국가에 불과하다는 것입니다. 그래서 그는 예수가 로마 국가에서 재림할 일이 곧 임박해 있다는 믿음을 부정합니다.

제2부의 내용 : 여기서 그는 기독교 신학적 역사 해석을 본격적으로 전개하는데, 한 마디로 **신의 국가**(civitas Dei)와 **지상 내지 악마의 국가**(civitas terrena vel diaboli)의 대립이 펼치는 드라마가 역사라는 것이 그의 주장입니다. 그리고 이 드라마는 신에 의한 세계창조와 최후의 심판 사이의 시간 가운데에서 진행된다고 합니다. 또한 이 대립은 현실 세계 속에서 전 인류 차원에서만 일어나는 것이 아니라, 인간 개개인의 결단 차원에서도 문제된다는 것이 그의 생각이었습니다. 다시 말해 인류의 세계사 과정에서 뿐만 아니라 인간 개개인의 삶 속에서도, 신적인 질서와 악마적 질서 사이의 대결이 역사적 사건들을 만들어낸다는 것입니다. 그런데 아우구스티누스에 따르면 이러한 과정은 우연이나 영원히 순환 운동을 거듭하는 우주적 질서에 의하여 지배되는 것이 아니라, 신의 보편적인 섭리에 의하여 통제됩니다.

이미 앞에서 보았듯이 고대인은 자연이 영원하고 신성하며, 그러한 자연의 아름답고 합리적인 질서가 인간의 본성과 운명을 좌우한다고 생각했습니다. 그런데 이제 기독교인들은 오히려 자연의 존재를 '신과 인간'의 관계에 의거해서 설명하고자 합니다. 신이 자연과 우주를 창조하였으며, 그러한 창조의 목적과 의미가 인간에게 크게 의존한다고 믿었기 때문이죠.

아우구스티누스가 고대인의 영원한 순환적 역사에 대한 신뢰를 거부한 이유는 무엇일까요? 그는 이교도들의 시간 개념에서는 진정한 행복이나 어떠한 도덕적 가치나 의미도 발견될 수 없다는 점에 착안한 것으로 보입니다. 이것은 그가 도덕적인 관점에서 그러한 순환적 역사관을 거부한 것임을 뜻합니다. 『신국』 12장 14절의 다음 내용을 읽어봅시다.

"세속의 철학자들은 이러한 [시간의 시작에 관한] 논쟁을 주기적인 순환(circus temporum) 개념을 도입하지 않고서는 해결할 수 없거나 해결해서도 안 된다고 생각했다. 그들의 주장에 따르면 본성상으로는 동일한 사건들이 그러한 주기적인 순환 가운데에서 항상 새롭게 나타나며 반복한다. 그들은 이처럼 중단 없이 순환하는 시대들이 다가왔다가는 사라져 간다고 생각했다. 이러한 순환들이 영원한 세계 속에서 발생하든지 아니면, 세계 자신이 특정한 시간적 범위 안에서만 성립하고 소멸하면서 이미 과거에 일어났던 똑같은 사건들과 미래에 다가올 동일한 사건들을 마치 항상 새로운 것들인 것처럼 제시한다고 생각했던 것이다. 그들[즉, 인간들]은 이러한 장난으로부터 불멸의 인간 영혼을 결코 해방시키지 못했으며, 비록 그 영혼이 지혜를 얻었어도 그러했다. 왜냐하면 영혼은 자신의 부단한 순환 과정 속에서 거짓된 행복과 진실된 불행 사이를 오고 가야 하기 때문이다.

행복이 줄곧 지속한다는 확신이 없다면 대체 어떻게 진정한 행복이 존재할 수 있겠는가? 즉 영혼이 진실을 전혀 모르고 따라서 미래의 불행에 대해서도 전혀 아는 바가 없다면, 또 행복 속에서 극심한 불행을 예견해야 한다면 어떻게 진정한 행복이 가능하겠는가? 그러나 만일 영혼이 다시 되돌아갈 필요가 없는 불행으로부터 행복으로 나아간다면, 그때 비로소 시간 안에서는 결코 종말을 경험하지 않을 근본적으로 새로운 것이 바로 그 시간 속에서 나타날 수 있게 될 것이다. 이와 같은 사실이 세계에도 적용되지 말라는 법이 있겠는가? 또 이것이 그 세계 속에서 창조된 인간에게 적용되지 않을 수 있겠는가? 이러한 방법으로, 즉 건전한 이론의 곧은 길을 따라감으로써 우리들은 저 우회의 길들을 피해 갈 수 있고, 그것들이 어떤 것들이건 간에 거짓되고 잘못된 철학자들의 거짓된 발견물들이라면 피해 갈 수 있는 것이다."

그러면 대체 이러한 입장이 과연 얼마나 정당화될 수 있을까요? 기독교의 등장 이전에 철학자들은 대체 행복이나 윤리, 도덕 아니 더 나아가 인생의 의미의 문제를 어떻게 해결하고 정당화하였을까요? 앞에서 이미 보았듯이 고대인의 신은 기본적으로 세계현상에 대한 이해의 수단이었으며, 동시에 자연이나 인간 본성 및 인간 관계 속에서 찾을 수 있는 영원하고 불변적인 것, 소멸하지 않는 것, 인간 이상의 것처럼 보이는 것들을 지시하는 것이었습니다. 이런 의미에서 신은 주어로서 사용되었다기보다는 술어적으로 쓰인 개념이라 했습니다. 그러므로 고대인의 신은 어떤 의미에서 자연이나 인간의 본성과 분리될 수 없는 무엇이었고, 그 자연이나 인간 본성 속에 있는, 인간적 한계를 넘어서거나 불변적인 것처럼 간주된 질서가 신과 같이 여겨졌던 것입니다. 그러한 질서는 때로는 로고스로 때로는 누우스(nous)로도 불렸으며, 이것을 따르는 것이 행복과 도덕을 보장해 준다고 생각했습니다. 예컨대 덕(arete)이라는 것도 로고스나 누우스로 파악할 수 있는, 선택이 가능하고, 실현이 가능한 인간의 탁월성 내지 탁월한 기능을 의미했습니다. 그리고 그 실현이 곧 행복과 도덕을 보장한다고 보았던 것이지요. 반면 기독교의 자연은 피조물로서의 자연이라는 한계를 가지며, 그것 자체로는 아무런 중요성도 갖지 못합니다. 오직 인간과의 관계 속에서만 의미를 부여받을 뿐입니다. 따라서 기독교의 관점에서 인간의 행복은 인격신에 대한 초월적 의존관계에 의해 결정된다고 볼 수 있습니다. 그리고 기독교의 관점에서 보면, 진정한 행복도 불행도 없고, 진정한 희망도 절망도 없는 이교도적인 관점에 의해서는 진정한 미래관이 불가능한 것입니다.

2. 아우구스티누스의 역사관이 가지는 특징들

① 직선적, 목적론적 진보사관 : 이러한 관점은 서구 지성사의 큰 흐름을 새로 시작하게 한 것이라 할 수 있습니다. 역사 속에서는 같거나 유사한 일들이 반복적으로 발생하는 것이 아니라 끊임없이 새로운 것, 결정적인 것이 발생하며, 그래서 역사는 궁극적인 목적을 향해 진보하여 나아간다는 생각입니다. 물론 아우구스티누스 이후에도 그의 역사관에 대립하는 순환적인 역사관 내지는 원형적 역사관이 주장되거나 이따금 퇴보적인 역사관이 등장한 일도 있습니다. 예컨대 근대에는 루소, 멘델스존(Moses Mendelssohn, 1728-1786), 엥엘(Johann Jacob Engel, 1741-1802) 등이 있었고, 현대에는 니체나 역사의 불연속성, 종말, 해체 등을 외치는 푸코 등이 있습니다.

아우구스티누스의 역사 시대 구분(인간성장과 비교)

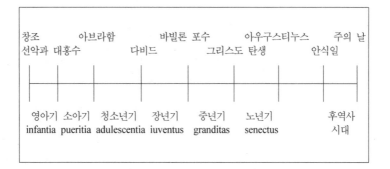

창조   아브라함   바빌론 포수   아우구스티누스   주의 날
선악과 대홍수   다비드   그리스도 탄생   안식일

영아기 소아기 청소년기 장년기   중년기   노년기   후역사
infantia pueritia adulescentia iuventus granditas senectus   시대

② 역사의 의미와 관련하여 **도덕적 관점**, 도덕적 교육의 과정이라는 관점이 도입되었다는 점도 중요합니다. 인간은 우주적 질서의 한 부속물이라기보다 개인이며, 한 인격체로서 거듭나야 하며, ― 이와 관련하여 그의 고백록이 아마도 인류 최초의 자서전일 것이라는 점이 매우 상징적입니다 ― 인류 역시 도덕적인 성장 과정을 겪어 자기완성의 길을 가야 한다는 것이 그것입니다. 인류의 역사는 정의로움, 선함, 사랑을 완벽하게 실천해 가는 과정이라는 것입니다.

> 이러한 관점이 제2차 세계대전 중 유태인 등의 학살로 유명한 아우슈비츠의 경험 이후에도 유효한 관점일 수 있을까요? 아니면 포기되어야 마땅한 것일까요? 이것이 포기되어야 한다면 사실상 보편사로서의 역사의 의미 등에 대해서 말하기란 더 이상 가능하지 않은 것일까요?

③ 아우구스티누스에 의해 물리적 연속, 즉 맹목적이고 반복적인 사건의 진행으로서의 시간이 아닌, 역사적 사실에 대한 의식으로서의 시간관이 확립되었다는 점도 기억해 두어야 합니다. 과거와 미래는 그 자체로 존재한다기보다 그것을 구분하여 파악하고자 하는 주관의 현재 의식에 의해 구분되어 존재하는 것입니다. 그러므로 그는 과거, 현재, 미래가 있는 것이 아니라, 과거적인 것의 현재, 현재적인 것의 현재, 미래적인 것의 현재가 존재한다고 합니다.『고백록』의 다음 내용을 참고합시다.

"주여, … 만일 시간이 지나가고 다시 나타나는 것이라면, 저는 그것들이 어디에 존재하는 것들인지를 알고 싶습니다. 저는 그것들이 어디에 존재하는지 알 수 없지만, 그것들이 미래로서 혹은 과거로서 존재하는 것이 아니라 현재로서 존재한다는 것을 압니다. 왜냐하면 만일 그것들이 거기서 미래로서 존재한다고 하면, 그것들은 아직 거기에 없는 것이고, 그것들이 거기에 과거로서 존재한다고 할 경우, 그것들은 더 이상 거기에 존재하는 것이 아니기 때문입니다. 따라서 그것이 어디에 존재하건 무엇으로 존재하건 상관없이 그것은 오로지 현재로서 존재합니다. 비록 과거의 사실들이 언급될 때 그것들은 이미 과거가 되어 버린 사건들 자체가 기억으로부터 불러내어져 온 것이 아니라 그 사건들의 상들(Bilder)에 의해 알려진 말들이지만, 이 말들은 지나가 버리는 것들에 의해 감관을 통해 마음속에 남겨진 흔적들인 것입니다. 그러므로 이제 더 이상 존재하지 않는 제 어린 시절은 이제 더 이상 존재하지 않는 지나간 시간 속에 존재합니다. 그러나 지금 제가 그 어린 시절의 상을 떠올리고 그것에 대해 말할 경우, 저는 그것을 현재 속에서 지켜보게 됩니다. 그 상이 여전히 제 기억 속에 존재하기 때문입니다. 앞으로 일어날 일들을 예언하는 것과 같은 일이 있을 수 있는지, 다시 말해 아직 존재하지 않는 일들에 대해 그것들의 상들이 이미 존재하는 것으로서 미리 지각될 수 있는지, 주여, 저는 모릅니다. 실제로 제가 알고 있는 것은 다음과 같은 것입니다. 우리는 통상 우리의 미래 행위들에 대해 미리 생각할 때, 그러한 예상은 현존하는 것이지만, 우리가 그것에 대해 미리 생각하는 그 행위는 앞으로 일어나야 할 것이므로 아직 존재하지 않는다는 것입니다. 우리가 미리 생각했던 일을 시작하면, 그때 그 행위는 존재하게 될 것입니다. 그때 그것은 더 이상 미래가 아니라 현재이기 때문입니다. 미래에 일어날 일들을 예견하는 이 신비한 방식이 무엇이든지 간에 보여질 수 있는 것은 오직 존재하는 것뿐입니다. 그러나 지금 존재하는 것은 미래로서가 아니고 현재로서 존재하는 것입니다. 그러므로 앞으로 일어날 일을 본다고 말하는 것은 아직 존재하지 않는 사실들 자체를 본다는 것이 아니라, 우연히 그것들에 관한 원인들이나 징표들이 보인다는 것을 뜻합니다. 이 후자의 것들은 이미 존재하는 것들이기 때문입니다. 그러므로 그것들은 지금 그것들을 보는 사람들에게는 미래가 아니라 현재입니다. 그리고 그것들로부터 마음 안에서 예견된 것으로서의 미래가 예언되는 것입니다. … 저는 날이 밝아옴을 지각하고, 태양이 떠오르려 한다는 것을 예견합니다. 제가 지각하는 것은 현재 존재하는 것입니다. 제가 일어나리라 예견하는 것은 이미 존재하는 태양이 아니라 아직 존재하지 않는 일출인 것입니다. 만일 제가 일출에 관해 언급하면서 제 마음 가운데에서 일출 자신을 상상하지 않았다면, 저는 그것에 관해 미리 말할 수 없었을 것입니다."[1]

"이제 분명하고 확실해진 것은, 미래도 과거도 [그 자체로는] 존재하지 않는다는 것입니다. 우리는 과거, 현재, 미래라는 세 가지 시간이 존재한다고 말할 수 없으며, 지나간 사실들의 현재, 현재 사실들의 현재, 미래 사실들의 현재라고 하는 세 가지 시간이 존재한다고 말하는 것이 적절할 것입니다. 이 세 가지는 어떤 식으로든 제 영혼 가운데 존재하는 것이며, 저는 다른 곳에서는 그것들을 볼 수 없습니다. 과거 사실의 현재는 기억이며, 현재 사실의 현재는 지금 바라봄이고, 미래 사실의 현재는 기대함입니다."[2]

이러한 시간관에 의하면 현재의 의식이 시간 구분의 기준점이 되며, 미래와 과거도 이 현재의 의식으로부터 주어진다고 할 수 있습니다. 이러한 시간관은 현대에 이르기까지 그 생명력을 유지하는 시간관이라 할 수 있을 것입니다. 만일 이것이 인간에게만 가능한 의식이라면 그것은 축복일까요, 저주일까요? 만일 과거지사에 대한 죄책감이나 미래에 대한 불안감으로 고통받는 인간이 있다면 그에게는 저주라 할 만할 것입니다.

④ 역사는 궁극적으로 신의 작품이라는 생각, 따라서 역사의 주체로서 인간의 역할은 제한적이고 신에 의한 계획의 실현 도구에 불과하다는 아우구스티누스의 사상은, 역사의 의미 문제를 되짚어보게 합니다. 더구나 이런 입장에 의한다면 역사학은 결국 신학에 종속되고 만다고 할 수 있습니다. 즉 세속사

---

1) 『고백록』, XI. 18.

2) 『고백록』, XI. 20.

가 구원사에 종속된다는 것을 의미합니다. 물론 역사의 주체를 신 내지 그 신의 섭리에서 찾는 시도는 근세 계몽기에 이르러 상당한 정도로 포기되며, 신의 섭리를 이성이 대신하게 됩니다. 그러나 대부분의 계몽기 사상가들 역시, 인류 역사의 전체적인 운영은 신의 섭리에 의해 이루어진다는 생각을 유지하고 있었고, 그러한 섭리를 구체화시키는 것이 인간의 몫으로서, 특히 신적인 의지에 따르려는 개개인의 이성적인 결단에 따른 행위로 보았습니다.

> ⚡ 만일 역사의 의미가 역사 내재적으로 파악 가능한 것이 아니라 초역사적인 관점에서만 주어지는 것이라면, 역사에서 구원사적 혹은 종말론적 관점은 결코 포기될 수 없는 것일까요?

⑤ 아우구스티누스는 본격적인 보편사의 관점을 열어준 사상가입니다. 그리스나 로마 중심에서 벗어나 문자 그대로 보편적인 인류의 세계사를 취급하여야 한다는 의식의 기반을 제공한 것입니다. 보편사에 대해 오늘날 많은 개별 사가들은 시큰둥하지만, 전혀 무관심하지만은 않은 것 같습니다. 보편사를 염두에 두지 않는 역사 연구가 대체 무엇을 제공할 수 있겠습니까? 아마도 그러한 작업은 그때그때의 시대적 유행의식을 반영하는 작업을 벗어나지 못할 것입니다. 실증주의가 유행하면 실증주의, 역사주의가 우세하면 역사주의, 또 포스트모더니즘이 유행이면 마치 그것이 전부인양 포스트모던 관점에 따른

역사 연구에 매달리는 식의 작업에 그치고 말 것입니다.

⑥ 역사 서술에서 상당히 구체화된 시대 구분법을 제시했다는 점도 아우구스티누스의 특징입니다. 단기간에 걸친 사건이나 사실의 성립과 그 변천과정을 정리하는 데 그쳤던 고대 사가들에 비해, 아우구스티누스는 시작과 끝을 가지는 하나의 실체로서 장대한 기간에 걸친 인류 역사를 단계적으로 문제삼음으로써 역사 서술에서 시대 구분론이 본격적으로 등장하는 데 기여했습니다. 그 이후의 많은 사상가들, 역사가들은 그들 나름대로의 논리에 의거하고는 있지만, 아우구스티누스를 모델로 삼아 시대 구분을 시도했기 때문입니다. 만일 역사가 우리에게 무엇인가 전달하고자 하는 메시지를 담고 있다면, 따라서 어떠한 관점에 입각하여 사실들을 해석하고 정돈한다면, 시대 구분이 없는 역사란 불가능할 것입니다. 즉 역사의 메시지는 시대 구분 안에 이미 들어 있다고 할 수 있습니다. 이것은 사회, 정치, 경제, 문화, 과학, 종교 등의 역사와 같은 특수사에서 매우 잘 드러납니다.

제 6 장

비코: 『새로운 학문』으로서의 역사

1. 『새로운 학문』의 배경과 데카르트

1) 성립 배경

아우구스티누스가 세속적 학문으로서의 역사를 언급하지 않은 것은 아니지만, — 그는 세속적 학문으로서의 역사가 일반 교양을 위해 중요하다는 점을 인정하였으나 그것에 대한 탐구가 진실과 기쁨을 가져다 주기보다는 참고 견뎌야 할 고통을 가르쳐주는 것이라고 생각했습니다 — 그는 그것이 성서의 해석을 위해 유용한 보조학으로 간주될 때 가장 커다란 의의를 갖는다고 생각했습니다.

중세의 대학에서도 대부분 기간 동안 역사는 소위 '자유 7
과'(Artes liberales)에서 독립된 위치를 차지하지 못하고 수사
학(Rhetorik)이나 문법학(Grammatik) 밑에 종속되었습니다. 이
미 고대 말의 키케로도 역사적 인식을 수사학에 포함시킨 바
있습니다. '3학' 중 문법학은 '문자화되어 있는 것', 수사학은
'실제로 일어난 것', 변증법(Dialektik)은 '사유가 가능한 것'을
다룬다는 것이 일반적인 관점이었습니다.

인본주의 시대에 이르면 고대의 학문과 예술에 관한 진지한
관심이 증가하면서 사유의 방법과 철학적인 주제를 주로 다루
던 변증법에 관한 관심은 줄어들고, 구체적인 사실 내용을 가
지고 있다고 생각되던 역사를 대학의 정규과목으로 채택하는
경향이 나타나게 됩니다. 이 시기의 역사는 수사학과 시예술의
인접 분야로서, 특히 그것이 내용으로 하는 고대에 관한 자료
들이 인간의 도덕적 교양을 쌓는 데 도움을 준다고 여겨졌던
것입니다. 비코(Giambattista Vico, 1688-1744) 자신도 나폴리
대학의 수사학 교수였습니다.

역사 강의는 이제 그 내용에 있어서도 점차 성경, 특히 구약
이나 교회사 등을 제외시키는 반면, 여러 민족들의 기원이나
도시들의 역사, 봉건 영주들의 역사들을 다루기 시작합니다.
특히 마키아벨리 같은 사람은, 도덕적인 의도와 역사를 결부시
키는 대신 정치-실용적인 의도와 역사를 다룰 것을 주장하기
도 했습니다. 시대 구분에 있어서도 고대, 중세, 근세라는 삼분
법이 점차 일반화되어 가기 시작했습니다. 이 구분은 17세기
말에 완전히 정착된 것으로 보입니다. 어쨌든 우리는 세속의

역사에 관한 관심의 증가가 인본주의의 고전에 관한 관심과 연관되어 있다는 점을 알 수 있습니다.

한편 근세에 들어와서도 'historia'의 어원적인 의미는 계속 유지되고 있었습니다. 즉 그것은 경험적 지식 일반을 의미하고 있었습니다. 베이컨(Francis Bacon, 1561-1626)은 철학은 이성(ratio)에, 시 예술은 상상력(phantasia)에, 역사는 기억력(memoria)에 각각 의존하는데, 철학은 사물의 필연적인 연관을, 시는 사물의 임의적인 연관을 다루며, 역사는 그러한 연관들을 불변하도록 보존시킨다고 말했습니다. 라이프니츠(Gottfried Wilhelm Leibniz, 1646-1716)는 이성적 지식과 역사적 지식을 구분하고, 전자는 본질적 진리(Wahrheit in essentia)를, 후자는 존재적 진리(Wahrheit in existentia)를 의미한다고 했습니다. 즉 전자가 이성적인 진리(vérité de raison)의 인식이라면, 후자는 사실적인 진리(vérité de faits)의 인식이라는 것이죠. 그는 또 "역사는 경험의 어머니"(historia … est mater observationum)라고 했습니다. 즉 역사는 구체적인 사실 세계에 관한 경험적 자료의 보고(寶庫)라는 것입니다.

이렇게 역사와 철학을 대립적인 관계로 파악하는 입장은 볼프에게서도 그대로 발견됩니다. 앞에서도 보았듯이 그는 "철학적 인식은 원인들에 관한 인식이고", "역사적(경험적) 인식은 사실들에 관한 인식이다"라고 정의하기 때문입니다. 나름대로 경험적 인식의 중요성도 인정하였지만 합리론 전통의 정점에 있던 볼프는 철학적 인식을 경험적 인식보다 상위의 인식으로 본 것이 사실입니다. 한편 그에게 있어서도 대부분의 합리론

철학자들에게서와 같이 가장 높은 수준의 인식은 수학적 인식이었습니다.

뒤에서 좀더 상세히 알아보겠지만 데카르트 이래 본래적인 의미의 역사는 비록 인간에게 유용한 것이고 필요한 것이라는 생각은 있었지만, 그것은 이성이 이미 원리적으로 인식한 진리를 확증해 주는 것이라는 관점이 지배적이었고, 기본적으로 의심스러운 진리를 취급하는 것으로 간주되곤 했습니다. 예컨대 스피노자는 신의 사랑이 늘 의심스러운 역사들, 즉 성서에서 전해 내려오는 이야기들에 대한 믿음에 근거할 수는 없으며, 오히려 보편적인 개념들에 (따라서 철학적 인식에) 기초를 두어야 한다고 주장하였습니다. 라이프니츠도 '사실의 진리'는 곧 개연적인 진리에 불과하다고 생각했습니다.

역사에 관해 철학자들이 이같이 회의적이고 비판적인 시각을 가지고 있던 시대에 오히려 학문으로서의 역사를 변호하고, 더 나아가 그것으로 인문학 고유의 위상을 다시 파악하려는 시도가 있었는데 그 주인공이 바로 **비코**입니다. 그는 당대에 거의 주목을 받지 못했으나 학으로서의 역사를 재평가하는 데에 있어서 매우 대담하고 선구자적인 역할을 한 인물입니다. 이것은 무엇보다도 그의 저서 『새로운 학문』의 제목이 반영하고 있습니다.

2) 데카르트와 비코

비코의 『새로운 학문』의 출발점은 데카르트의 인식이론 및 역사의식에 대한 비판이라고 할 수 있습니다. 주지하다시피 데카르트의 "나는 생각한다. 고로 존재한다"(Cogito ergo sum)는 명제는 그에게 있어서 절대적인 확실성의 기초였습니다. 그에 의하면 이 명제는 그 자체로 더 이상의 다른 근거를 필요로 하지 않는 스스로 명백한 진리를 담고 있다는 것입니다. 즉 명증적인 진리라는 것입니다. 일단 절대적으로 확실한 진리의 출발점을 발견한 데카르트는 그것을 토대로 수학 내지 기하학의 연역 방법을 본으로 삼아 인식의 체계를 구축하려 했습니다. 이때 그에게 있어 진리의 조건은 '명석성'(明晳性)과 '판명성'(判明性)입니다. 명석한(clear) 인식이란 한 사물을 다른 사물과 구분하여 파악하는 것을 의미하고, 판명하다(distinct) 함은 한 사물의 징표와 징표를 서로 구분하고 그 연관을 파악할 수 있음을 뜻합니다. 그리고 이것의 반대 개념은 각각 '애매'(obscure)와 '모호'(confuse)입니다. 데카르트에 따르면 명증적인 인식의 조건을 만족시켜 주는 인식에는 수학이나 기하학, 물리학 등이 속합니다. 다시 말해 **양적인 크기로 구분하여 파악하는 것이 가능한 대상**, 즉 연장적 대상에 관한 인식을 의미합니다. 연장성을 가진 대상들은 **수, 크기, 모양, 위치, 운동, 운동 지속 시간** 등의 관점에서 명석하고 판명하게 인식될 수 있다는 것이지요.

데카르트는 『성찰』(5. Med.)에서 다음과 같이 적고 있습니다.

"예컨대 나는 철학자들이 양, 혹은 통상 '연속적인' 양이라 불렸던 것을 판명하게 상상할 수 있다. 다시 말해, 나는 양의 연장, 혹은 길이, 넓이, 깊이 등에 있어서 (양화되어 있는 사물의) 연장을 판명하게 상상한다. 나는 또한 그러한 사물의 다양한 부분들의 수를 셀 수 있고, 그 부분들에게 다양한 크기들과 모양들, 위치들, 운동들을 귀속시킬 수도 있다. 그리고 그 운동들 각각에게는 다양한 지속을 귀속시킬 수 있다.

　내가 이러한 것들을 일반적인 방식으로 생각할 경우, 그것들은 내게 매우 잘 그리고 명백하게 알려질 뿐만 아니라, 내가 주의를 기울이기만 하면, 수, 모양, 운동 등에 관련된 무수히 많은 특성들 또한 내게 지각될 수 있다. 그러므로 이러한 것들에 대한 진리는 너무도 명백하고 나의 본성과도 아주 잘 조화하기 때문에 그러한 사실들을 처음 발견할 때 나는 어떤 새로운 것을 배운다기보다는 내가 이미 알고 있던 것을 다시 기억하는 것처럼 여겨진다. 다시 말해 비록 이전에 내가 그것들에 나의 정신을 집중해 본 적이 결코 없었어도 나의 안에 오랫동안 있었던 것들을 처음으로 지각하는 것처럼 보인다는 것이다."[1]

이 같은 생각은 르네상스 이래의 자연과학의 발달을 반영한 것으로서 대부분의 철학자들은 이에 공감하였습니다. 홉스 같은 사상가는 갈릴레이를 방문한 후 그의 영향을 받아『리바이어던』등에서 자연과학적 연구 방법과 원리를 인간 행위, 기타 사회, 정치 현상에까지 적용하고자 했으니까요. 라이프니츠 같은 경우는 좀 다릅니다. 그는 양적인 관계에 관한 인식을 비

---

1) *Meditations on First Philosophy, with Selections from the Objections and Replies*, trans. & ed. John Cottingham, Cambridge, 1996, 44쪽.

판하고 질적 관계에 대한 인식을 강조합니다. 어쨌든 데카르트는 우리 인간이 명석판명한 인식의 대상으로 삼을 수 있는 것으로서 연장적인 실체인 자연의 물리적인 대상들을 염두에 두었던 것입니다. 그것들은 물량적으로 조작이 가능하고 무엇보다도 수적 관계로 환원하여 표현이 가능한 것들이기 때문입니다. 반면에 역사나 시, 수사학, 신학, 철학 등은 그러한 인식, 즉 확실한 학문적 인식의 대열에 서지 못하는 것들로 간주되었습니다.

데카르트 『방법서설』 중 다음 부분(1장)을 읽고 데카르트가 역사에 대해 회의적인 태도를 취하는 이유를 정리해 봅시다.

"그러나 나는 내가 (고대의) 언어와 고대인들의 작품들에게, 그리고 그들의 역사들과 이야기들에게도, 이미 충분한 시간을 투자했다고 믿었다. 다른 시대들의 사람들과 대화한다는 것과 여행하는 것은 거의 같은 일이다. 우리가 우리 자신의 습속을 좀더 올바르게 판단할 수 있기 위해서, 또 전혀 자기 모국 이외에는 다녀본 경험이 없는 사람들이 흔히 그렇듯이, 우리의 습관과 대립하는 모든 것을 기이하고 비합리적이라 생각하는 일이 없도록 하기 위해서, 다른 민족들의 생활관습을 알아두는 것이 유용하다. 반면에 너무 오랫동안 여행하면, 우리는 우리 자신의 모국에 대해 생소해진다. 과거의 습속들에 너무 과도한 호기심을 두게 되면, 대체로 현재의 그것에 대해서는 무지해지기 마련이다. 더욱이 허구적인 이야기들

은, 우리로 하여금 불가능한 많은 사건들을 가능한 것처럼
상상하게 만든다.

가장 신뢰할 만한 역사들조차, 비록 그것들이 사실을 전적으
로 잘못 전달하지는 않는다 하더라도, 또 그것들의 내용을
좀더 숙독할 만한 가치가 있는 것으로 만들기 위해 그것들의
중요성을 과장하지는 않는다 하더라도, 최소한 거의 항상 가
장 비천하고 재미없는 부수적인 사실들은 생략해 버린다. 고
로 기록으로 남은 것들이 진리를 보여주는 것은 아니다. 또
이러한 역사적 근원으로부터 이끌어낸 사례들에 의해 그들의
행위를 규제하려는 사람들은, 낭만적인 기사풍의 과장에 빠
지거나, 그들의 능력을 벗어나는 계획을 품게 되는 경향이
있다. … 이런 이유들 때문에 나는 나의 스승들의 통제를 벗
어날 나이에 이르자마자 문자들의 학문(역사, 수사학, 시, 신
학, 철학 등) 연구를 포기하였던 것이다. 그리고 나 자신에게
서 발견될 수 있거나, 아니면 세계라는 거대한 책 속에서 발
견될 수 있는 지식 이외의 다른 학문에는 종사하지 않기로
결심했다. 나는 나의 젊음의 나머지 부분을 여행하거나, 궁
정이나 군대를 방문하거나, 다양한 기질과 지위를 지닌 사람
들과 교제하는 데 보냈다. 그래서 다양한 경험들을 수집하면
서, 또 행운이 나를 그 속에 던져놓은 변화무쌍한 상황 속에
서 나 자신을 체험하면서, 그리고 특히 나 자신의 발전을 확
인하기 위하여 내가 경험한 소재들을 반성하면서 보냈던 것
이다." *

---

* Anhandlung über die Methode des richtigen Vernunftgebrauchs,
  ins Deutsche übers. v. Kuno Fischer, Stuttgart, 1969, 7쪽 이하.

데카르트가 역사에 관해 가지는 회의적인 태도는 우선 역사학이 가지는 허구적인 측면에 기인하는 것 같습니다. 즉 그것은 역사가의 한계와 무지, 편견 등에 따라서 설화적이거나 비실제적인 내용을 담기도 하고, 실제 사실들을 임의로 강조하거나 누락할 수도 있다는 것입니다. 예를 들면 로마시대를 연구하는 역사가와 로마시대의 요리사 또는 현대의 라틴어 학자와 키케로의 하인을 비교해 보라는 것입니다. 누가 더 진실에 대해 많은 것을 알고 있는가 말입니다.

다음으로 데카르트는 과거 역사에 대한 공부가 자칫 현재의 사실에 대한 관심 소홀로 이어질 수 있다는 지적을 하고 있는 것으로 보입니다. 흔히 역사를 알면 현재의 삶을 위한 교훈을 얻을 수 있다는 것이 실용적 역사관을 내세우는 사람들의 주장입니다만 데카르트는 오히려 과도한 역사의식이 현실의 삶을 구속할 수도 있다는 점을 말한 것으로 여겨집니다. 우리는 이러한 생각을 나중에 니체에게서도 다시 확인할 수 있습니다.

그는 또 역사가 독자에게 과장된 환상을 불러일으킬 수 있다는 점도 지적하고 있습니다. 사실 우리는 역사 연구에 종사했던 사람들이 자신들이 다루고 있는 분야의 중요성을 과대포장하거나 특정 나라의 역사를 세계적 보편사의 핵심으로 간주하면서 그 정당성을 믿게 만들려 한 사례들을 어렵지 않게 발견할 수 있습니다.

비코는 데카르트 이래 계속된 이러한 수학, 기하학, 자연과학의 우월성으로 특징지어지는 흐름에 반대합니다. 그는 도덕을 비롯한 인문학의 문제까지도 기하학이나 수학의 방법을 모델로 다루었던 스피노자나 홉스와는 대조적이었던 것입니다.
당시의 지배적이던 학적 분위기에 정면으로 대립하여 사회와
문화의 제현상을 분석하고 이해하기 위한 독자적인 사고 방법
을 창안하고자 한 것입니다. 간단히 말해 그는 역사를 비롯한
인문학의 새로운 방법론을 모색한 것입니다. 이러한 방법론적
반성은 19세기 말 20세기 초에 들어서야 신칸트학파 등에 의
해 다시 본격화된다는 점을 상기하면, 우리는 비코의 선구자적
인 위상을 가늠할 수 있을 것입니다. 그러면 이제 비코의 역사
철학적 입장을 알아봅시다.

2. 비코 역사철학의 원리와 과제

1) 'Verum ipsum factum'의 원리

우리는 이미 앞에서 철학적 인식은 본래 원인에 관한 인식
을, 그리고 역사적 인식은 사실에 관한 인식을 의미한다고 했
습니다. 이때 사실, 즉 'factum'은 문자 그대로 'facere'된 것,
즉 인간에 의하여 행하여진 것, 만들어진 것, 발생하게 된 것
을 의미합니다. 'Factum'은 동사 'facere'의 과거분사형입니다.
비코에 따르면 인간에 의해 행하여진 것, 즉 'factum'의 인식이
야말로 진정한 의미에서 그 원인(인간)에 관한 인식을 의미합
니다. 이에 반해 물질적인 우주나 자연에 관한 인식은 그것을
창조한 주체가, 즉 그것의 원인이 신이므로, 완벽한 것일 수

없다고 합니다. 그것은 신 자신에게만 가능한 것이라고 합니다.

　자연을 창조한 것이 신이므로 그것에 대한 완전한 인식은 신에게만 가능하며, 인간이 자연을 인식할 경우에는 자연 가운데 인간의 인식능력이 미칠 수 있는 범위, 다시 말하면 인간에 의해 재현될 수 있는 부분에 국한될 수밖에 없다는 것입니다. 자연과학자들은 (생명체를 포함하여) 물질적 우주에 대한 완벽한 인식을 열망하지만 비코는 그것이 불가능한 일이라고 합니다. 그들은 신이 만든 것처럼 물질적 우주세계를 만들 수 없고, 그래서 그 근본구조와 원리에 대한 그들의 주장을 명백하게 확립해 줄 수 있는 방법을 갖고 있지 못하기 때문이라는 겁니다.

　그러나 비코는 인간적 세계, 이를테면 시민 사회나 국가, 그리고 그것들 안에 포함되어 있는 제도들이나 문화들은 인간이 창조한 것들이므로 인간에 의해 인식될 수 있는 대상들이라고 봅니다. 이렇게 해서 데카르트가 비실제적이고 환상적인 지식이라고 평가 절하했던 역사, 시, 수사학, 신학, 철학 등의 영역이 비코에게서는 수학, 기하학, 자연과학과 그 위치를 바꾸게 됩니다. 이것은 자연과학과 인문학의 역전을 뜻하고, 과학으로서의 인문학의 독자성 확보를 의미한다고도 할 수 있으며, 나중에 헤겔이 주장한 '정신철학'의 우위를 선구(先驅)한 것이라고 볼 수 있습니다.2)

2) 비코는 자신의 작품의 주요 사상을 이해시키기 위해서 하나의 상

86

2) 『새로운 학문』3)의 과제들

비코의 시대에는 데카르트로부터 시작된 믿음, 즉 기하학 및 수학의 정신에 기초하고 있는 자연과학, 특히 물리학의 원리를 인문학에까지 적용할 수 있으리라는 믿음이 지배적이었습니다. 예컨대 홉스는 『리바이어던』에서, 갈릴레이가 사용했

징적인 그림을 보여주고 있는데, 뢰비트는 그 그림을 이렇게 설명하고 있습니다. "이 그림은 좌측 상단에 신의 섭리에 비유되는 신의 눈을 그리고, 오른 쪽에는 신을 응시하는 여인(이것은 형이상학을 뜻한다)을 그렸는데, 이 여인은 제단(祭壇, 신성함에 대한 가장 오래된 희생의 상징)에 의해 지지되는 천구(天球, 물질 세계) 위에 서 있다. 그리고 왼편에는 고대 세계의 지혜를 대표하는 호머(신학적 시인)의 동상이 서 있다. 한 줄기의 빛, 즉 신의 섭리가 신의 눈과 여인의 가슴을 연결시켜 주고 있고, 두 번째 빛이 그 여인과 호머를 연결시키고 있다. 이렇게 해서 형이상학을 통해 섭리적인 기독교의 빛이 호머, 즉 이교도들의 문명세계와 연결되어 있는 것이다. 그러나 이 빛은 물질적인 자연 세계와 연결되지 않고 지나쳐 가고 있다."(뢰비트, 같은 책, 121쪽; G. 비코 (이원두 옮김), 『새로운 학문』, 동문선, 1997, 9-35쪽 참조.) 이 그림에서 비코는 지금까지 철학자들이 그래왔던 것처럼 자연 질서를 통해서만 신을 관찰할 것이 아니라, 인간 정신 세계, 즉 문명 시민 세계나 민족들로 구성된 세계 속에서 내재하는 신의 섭리를 추구할 것을 암시하고 있다는 것입니다. 그러므로 한 쪽의 제단에 의해서만 천구가 지지되고 있는 것은, 철학자들이 그때까지 오직 자연 질서를 통해서만 신의 섭리를 발견하려 한 것을 상징한다는 것입니다.

3) 원제는 『제민족들의 본성에 관한 하나의 새로운 학문의 원리들』 (*Principi di una scienza nuova intorno alla natura delle nazioni*, Napoli, 1725)임.

던 자연 탐구 방법의 원리를 인간 행동 및 사회, 정치 현상에 관한 연구에 적용하려는 시도를 하기도 했습니다. 그러나 비코는 자신의 『새로운 학문』에서 인문 사회 과학 고유의 방법을 사용하여 탐구할 과제를 7가지로 제시하고 있습니다.4)

①『새로운 학문』은 신의 섭리를 드러내기 위한 합리적 시민 신학(세속 신학, 정치 신학)이라고 규정합니다. 인간의 행위는 곧 신의 섭리를 드러내는 것과 다르지 않다는 것이 그의 근본 신념이었던 것입니다. 그러나 비코의 신은 인간의 행위를 통해 드러날 뿐이며, 인간 행위를 적극적으로 규정하는 신은 아닙니다. 그리고 신의 섭리가 인간 행위, 문명을 통해 드러날 때 중요한 것은, 다시 말해 인간 삶을 통해 구현되는 신의 섭리를 파악할 때 필수적인 것은, 세속에서 살아가는 모든 인류의 공통적인 인습(institution)을 지배하는 원리를 아는 것이라고 봅니다. 그러한 인습 중 가장 대표적인 것들이 바로 **종교, 결혼, 장례** 등의 의식(예식)이며, 그 의식의 배후에 놓여 있는 원리를 연구하는 것이 중요하다는 것입니다.

②『새로운 학문』은 '전거'(authority)의 철학이 되고자 합니다. 전거(혹은 권위)란 원래 로마법에서 누군가가 사유 재산권을 타인에게 양도할 때, 그 양수인에게 행사해야 하는 보증 행위를 말합니다. 예를 들면 김 아무개가 이 아무개에게 집을 팔았다면, 김 아무개는 이 아무개에게 그 집에 관한 모든 재산권

---

4) G. 비코, 『새로운 학문』, 154-161쪽(§§ 385-399) 참조.

을 넘겨주어야 하는 바, 그러한 권리와 권리의 이양에 대한 인정을 의미합니다. 그러므로 전거의 철학이란, 인간 사회에서 통용되고 있고 또 역사적으로 실현되어 있는 여러 형태의 권리들과 그 권리들의 합법화에 관한 연구를 뜻합니다. 예컨대 재산권이면 재산권의 효력 발생 원인을 제공하는 법률과, 다시 그 법률의 근거로서의 전통을 그 뿌리부터 검토하고 추적하는 작업을 의미합니다. 이러한 작업을 통해 우리는 인간 사회, 국가, 그리고 그 국가나 사회를 유지하는 제도들의 기원을 이해할 수 있게 된다는 것입니다. 그러나 단순히 제도사적이거나 문화사적인 연구에 그치는 것이 아니라, 그 제도의 합리적이고 원리적인 기원을 문제삼으므로 철학적인 것입니다. 현대의 법철학과도 유사한 부분이 있다고 할 수 있겠습니다.

③ 비코는 『새로운 학문』을 또한 '인간 이념'의 역사라고도 부릅니다. 물론 이 작품을 철학이나 형이상학의 역사와 동일시하는 것은 무리일 것입니다. 비코는 '천국'이나 '내세' 등과 같은 종교적 이념의 가장 오래된 모습이 어떠했는지를 밝히고자 하며, 신화, 점복술, 점성술 등도 다룹니다. 이러한 연구를 통해 사변에 관한 학문(형이상학)이나 실천적인 학문(윤리학, 도덕 이론)의 뿌리를 알아낼 수 있다는 것입니다.

④ 『새로운 학문』은 고대 세계의 신들의 계보에 관한 학문, 즉 '신보학'(theogony)도 다룬다고 합니다. 아울러 그는 『새로운 학문』이 가장 오래된 종교적 전통들에 관한 철학적 연구이기도 하다고 합니다. 이러한 연구는 나중에 다시 언급되겠지만, 본격적인 역사 시대가 열리기 이전인 '영웅 시대'에 대한

이해를 도모해 준다는 것입니다. 비코는 신화 연구에 있어서도 독보적인 관점을 제공하는데, 신화는 고대인들이나 원시인들이 그들 나름대로 세계와 인간을 이해하는 체계적인 방식을 보여준다고 합니다. 그래서 신화는 단순한 허구가 아니며, 우리 시대의 사회-도덕적 범주로 해석할 대상도 아니며, 그것이 태어난 시대의 정신으로 되돌아가 그 의미를 파악해야 할 것이라고 합니다.

⑤ 비코는 『새로운 학문』이 '이상적 영원사'(an ideal eternal history)가 되고자 한다고 합니다. 이것은 역사의 진행 과정을 지배하는 원리나 법칙에 관한 탐구를 의미합니다. 그는 인류가 야만 상태로부터 문명 상태로 진보해 가는 문명의 역사를 일종의 반복적인 모델로 설명하는데, 소위 **나선형적 순환 사관**의 모델— 이것은 나중에 설명됩니다5) — 이 그것입니다. 그는 역사의 동인으로서 불변하는 인간 본성이나 우연 등을 가정하지 않습니다. 인간의 본성 역시, 세계를 이해하고 그 세계를 자신의 육체적 정신적 욕구에 적합하게 변형시키면서 스스로 변한다고 보기 때문이죠. 그러나 그러한 변화나 진보의 과정은 일정한 패턴을 보이기 때문에 우연적인 것에 좌우되는 것이 아니라, 섭리를 따르는 것이라고 합니다.

⑥ 비코가 말하는 『새로운 학문』의 여섯 번째 과제는 여러 민족들이 알고 있는 자연법 체계에 대한 연구입니다. 이에 관한 연구는, 인간의 정신이 물질적인 세계 안에서 그 물질적 질

---

5) 이 책 97-98쪽 참조.

서에 대응하여 살아가면서 어떻게 자신의 삶을 규정해 나아가
는가를 이해하게 해준다고 합니다. 즉 인간이 자연법을 터득해
가는 과정이란, 곧 세계 속에서 삶을 영위하는 인간 정신이,
스스로를 그 세계와의 관계 속에서 규정해 가는 과정이라고
본 것입니다. 그에 의하면 자연법은 고정 불변하거나 어떤 신
성한 것이 아님에도 불구하고 많은 사상가들이 그렇게 오해한
까닭은, 그들이 태고적 인간을 이성적으로 완전한 인간으로 잘
못 생각한 데에 있다고 합니다. 그러므로 비코의 주장을 따른
다면, 루소 같은 자연법 사상가가 동경해 마지않던 자연 상태
의 인간이란, 이미 이성적인 능력을 사용할 줄 알게 된 인간
이, 그들의 이상적인 인간상을 과거의 인간에게 억지로 대입하
여 만들어낸 허상에 불과하다고 할 수 있을 것입니다.

⑦ 마지막으로 『새로운 학문』은 세속적인 의미에서의 보편
사의 출발점을 제시하고자 합니다. 비코는 기독교적 사관으로
부터 어느 정도 독립된, 문자 그대로 세속적인 관점의 보편적
세계사의 출발점을 합리적으로 규정하고자 합니다. 그는 아우
구스티누스와 달리 세속적 보편사는 불완전한 것이기는 하지
만 불가능한 것은 아니라고 합니다.

이렇게 다양한 과제들을 한 작품 안에서 다루는 것이 과연
가능할까요? 『새로운 학문』은 마치 신학, 철학, 역사학, 법학,
신화 연구, 문화 이론 등을 망라한 작업 같이 여겨집니다. 그
것은 정신과학, 사회과학, 문화과학 등을 아우르는 성격을 지
닌 작품이라 할 수 있을 것입니다. 그러므로 『새로운 학문』을

역사서 내지 역사철학서로만 보는 것은 그것의 일부만을 보는 셈이 될 것입니다. 어쨌든 비코는 앞에서 보았듯이 자신의 작업이 합리적 세속 신학의 관점에 따르는 것으로 간주했는데, 이 부분은 좀더 생각해 보아야 할 문제를 안고 있는 것처럼 보입니다. 다시 말해 왜 인간 자신의 작품(행위), 곧 역사가 신학적 관점으로부터 자유롭지 못하다는 것인가 하는 것입니다.

> ⚡ 인류 문화의 전 과정에 관한 의미의 문제가 과연 어떤 초월적 관점의 도움으로만 해결될 수 있는 것인지 다시 한번 생각해 봅시다.

3) 『새로운 학문』의 역사 해석 방법과 역사의 제 단계들

비코에 따르면 이 세계와 시민 사회가 인간에 의하여 만들어졌다는 의심 불가능한 사실이야말로 진리(verum)와 사실(factum: 행하여진 것)의 일치가 실현 가능케 되는 '한 줄기 빛'입니다. 따라서 역사의 원리는 우리 인간 정신의 'modifications'(제한, 한정, 조정, 규정, 변화 양태) 내에서 발견될 수 있고 또 있어야만 한다는 것입니다. 물론 그는 이러한 원리가 즉각적으로 주어지지는 않지만, 일종의 구성적인 해석(constructive interpretation)을 통해 발견될 수 있다고 보는 것 같습니다. 이때 구성적인 해석이란, 상상력을 동원하여 각 시대의 인간 행위를 규정하고 있는 인간 정신 안의 '공통감'(sensus communis)을 발견하는 작업입니다.

그러면 인간 정신의 'modifications'이란 무엇일까요? 비코에 의하면 인간 정신은 그 자체로 '무한정적인'(indefinite) 본성을 갖고 있습니다. 그런데 이것이 역사의 발전에 따라서, 그리고 그 발전에 의해 형성되는 역사의 매 단계의 상황에 따라서 규정되고, 그 특징이 드러나게 된다는 것입니다. 그래서 역사의 첫 단계에서 인간 정신은 빈약하며, 무지로 인하여 야만의 상태에 머문다고 합니다. 이 단계에서 인간 정신이 자연을 인식하고 그것을 표현하는 방법은, 사고가 아니라 감정의 형태에 가까우며, 상상적 지식이나 신화, 시적 지혜의 형태로 나타난다는 것입니다. 비코는 이 시기를 "신화와 신의 시대"라고 부릅니다.

그 다음 단계는 "영웅의 시대"로서 인간 정신은 형이상학적 지식의 형태로 자신을 드러낸다고 합니다. 앞의 단계에서 인간의 정신이 신을 끌어들여 자연을 이해하고 설명하려 하고, 제도나 관습, 통치 형태 등이 신정 정치 형태를 띠는 데 반해, 이 단계에서는 세련된 지도자들, 곧 영웅을 자칭하는 자들이 등장하여, 자신들의 혈통이 제신들에 있다고 주장하고, 군주나 귀족이 된다고 합니다. 그래서 전자의 단계에서 법은 곧 신법이고, 법관은 신학적 시인이며, 국가 형태는 가부장적 국가인데 비해, 후자의 단계에서 법은 종교의 통제를 받는 영웅적이고 폭력적인 법이며, 정치 형태는 귀족정치 형태를 띤다고 합니다. 비코는 이 후자의 시기를 "형이상학의 시대"라고도 부릅니다.

비코에 의하면 시간이 지날수록 인간 사회의 구조는 안정과 질서를 획득하게 되며, 인간들 자신은 겸손해지고 인자해지며 지성적이게 된다고 합니다. 즉, 이제 그는 "인간들의 시대"이자 "고전 시대" 그리고 "경험과학의 시대"라 부르는 시대가 등장한다고 합니다. 그래서 법보다 양심과 이성, 의무가 강조되고, 인간 이성에 근거하는 시민법이 탄생한다는 것입니다. 이 단계의 정치 형태는 법 앞의 만인평등의 원리에 기초하는, 자유로운 민주 시민들의 공화국입니다.

이처럼 인간 정신이 자신을 표현하고 규정하는 양식은, 신화와 시, 형이상학, 경험과학으로 변화하는데, 이러한 변화는 단지 지식의 형식에만 국한되는 것이 아니라, 인간 생활 전반을 규정함으로써 역사상의 발전단계로 나타난다는 것입니다. 제신들 및 야만의 시대, 영웅 시대, 인간 시대가 그것입니다. 인간 정신의 역사상 제 단계에 따르는 이 같은 표현 방식은, 단순히 인간 본성, 관습, 법, 정부 형태 등에서만 나타나는 것이 아니라, 인간이 스스로 행하는 모든 분야, 예를 들면 거주 형태(숲 속 오두막에서 촌락, 그리고 도시로), 문자 사용(상형 문자에서 표의문자를 거쳐 표음문자로), 사회 구조, 문화 형태 등에서도 나타난다고 합니다.

인간의 역사를 각 시대의 단계에 따른 인간 정신의 변화 양식에 입각해 이해하려는 시도는, 각 시대의 역사를 그 시대의 정신적 수준으로 이해하려는 것을 뜻합니다. 비코는 자신이 근대의 주지주의적인 편견에서 벗어나 호머와 그 이전 시대의 법률, 관습, 언어, 종교 등에서 개화되어 가는 인간의 정신력을 되찾아 내는데 25년 간의 괴로운 명상 시간이 필요했다고 말하고 있습니다. 각 시대의 지식, 문화, 사회, 정치, 경제 등의 특수성을 그 고유의 의미와 권리 속에서 파악하기가 그 만큼 힘든 작업이었다는 것입니다.

비코가 보기에 데카르트는 자신의 판단 기준을 절대적인 것으로 간주하고 그것에 맞추어서 진리이냐 아니냐를 판별한 것인 바, 이 같은 방식으로는 원시인이나 고대인의 지식, 신화, 제도, 관습 등을 제대로 이해할 수 없다는 것입니다. 신화나 신은 데카르트의 주장처럼 "실제로 그럴 수 없는 것"을 서술하는 사람이 제멋대로 "마치 그런 것이 발생했던 것처럼" 꾸며낸 것이 아니라, 그 자체가 그것의 역사적 단계, 즉 야만적 시대의 인간 정신이 자신의 능력을 다하여, 그리고 표현력을 다하여 인식하고 표현한 가장 진솔한 지식의 형태라는 것입니다. 그러므로 그것이 비록 우리가 볼 때 "불필요하게 느껴지고 가공적인 허구로 생각되더라도 지식체계에서 제외시켜 버릴 수 없는" 것이라고 합니다.

신화나 시는 무지했던 인간의 호기심과 경외감, 약한 추리력, 강한 상상력 등의 소산이며, 인간 정신의 최초의 작품이라는 것입니다. 비코의 생존 당시에는 신화가 철학적, 도덕적, 정치적 진리를 비유한 것이고, 영웅들을 신격화함으로써 현실적 실존 인물이나 사건을 설명하는 것이라는 이론이 지배적이었습니다. 그러나 비코는 이를 거부하고, "신화는 원시인이 작성할 수 있었던 최상의 역사"라고 합니다. 즉 인간이 보편성을 지닌 지식 체계를 구성할 수 있는 단계에 도달하기 전에 상상으로써 구성한 일종의 지식 체계이며, 순수 정신을 가지고 반성할 수 있기 이전에 감정으로 혼란되고 동요된 상태에서 사물들을 의식하여 얻은 지식이며, 그 표현 형식이라는 것입니다. 이 같은 사정은 형이상학이나 경험과학에게도 그대로 적용됩니다. 그것들 간의 차이는 그것들이 서로 상이한 역사상의 단계에서 발생한 것이라는 점일 뿐, 진리 자체는 조금도 다를 것이 없다는 것입니다. 즉 형식에 있어서만 구별될 뿐이라는 겁니다. 또 이 각 단계들은 선후 관계 속에서 발생하되 어느 하나가 다른 하나를 결여하면서 다음 단계로 나아갈 수는 없다고 합니다. 마치 우화나 동화를 즐기고 그곳에서 생활하며, 진실을 발견하는 어린 시절을 거치지 않고서는 관념적이고 철학적인 사고를 할 수 있는 어른이 될 수 없는 것과 마찬가지라는 거죠.

4) 역사적 운동의 동인

그러면 비코는 이처럼 본래 무한정적이던 인간 정신이 역사의 제 단계에서 이러저러한 형태로 규정되며 변화하는 근거를 어디에서 찾을까요? 한 마디로 그것은 이 세계 속의 사물들의 질서에 당면하여 인간 정신이 느끼는 '필요성과 유용성'(needs and utilities)입니다. 마르크스주의자들은 이 필요성과 유용성이라는 개념을 인간 생존의 물질적 욕구라고 해석하여, 비코에게서 그들의 유물사관의 기초를 발견합니다. 그러나 우리는 물질적 사물들의 질서는 어디까지나 인간 정신의 객체이자 대상일 뿐 주체가 아니라는 점에 주의할 필요가 있습니다. 즉, 비

코는 인간 정신 규정의 주체가 그 정신 자신이며 특히 자유의
지를 지닌 인간 정신력이라는 사실을 강조합니다. 어쨌든 인간
정신은 물질적 세계 속에서 삶을 영위해 나아가면서 자신에게
고유한 방식으로 스스로를 규정해 나아가는데, 이러한 정신의
자기 규정 방식이 곧 문화로 나타난다는 것입니다. 그리고 이
때 정신은 물질적 질서를 수동적으로 반영하는 것이 아니라,
그것에 능동적으로 작용하는 것입니다. 그리고 그 산물인 문화
는, 동시에 신의 섭리의 작용으로도 볼 수 있다는 것입니다.

5) 비코의 역사 발전 모델

비코가 본 인간 정신의 표현(규정) 과정에 따른 역사적 세
단계들은 끝과 완성이 없는 진보의 과정입니다. 예컨대 자유와
평등이라는 인간의 이상을 완전히 실현시킨 것으로 생각되는
인간들의 시대 역시, 인간들이 그 자유와 평등을 너무 많이 향
유하게 된 결과 정신이 나태해질 수 있다고 봅니다. 그래서 역
사 과정은 다시 새로운 야만 상태로 이행하게 됩니다. 그러나
이 야만 상태는 원초적인 야만 상태와는 다른 소위 '반성된 야
만 상태'(a barbarism of reflection)입니다. 즉 인간의 사고가
창조력을 잃고, 인위적이고 현학적인 권위의식으로 무의미한
거미줄을 쳐 놓고 있는 상태 — 크로체는 이러한 상태를 "데카
당스" 시대라고 불렀습니다 — 로서 다시금 영웅적인 인간들의
출현을 기대하게 되는 시기입니다.

비코가 말하는 역사 발전 형태를 좀더 자세히 살펴보면 그

것은 하나의 원과 같은 순환 반복 모델이 아닙니다. 유사한 상태의 반복적 출현은 가능하지만, 그 반복된 유사 상태의 구체적인 내용(특징이나 성격은 유사하지만 사실의 내용)은 동일하지 않습니다. 또 시대적으로 나중에 도래하는 단계는 그 이전의 단계보다 규모가 크며, 이전의 상태에 있었던 요소들을 포용하고 있으면서 새로운 요소를 겸비하고 있는 것입니다. 따라서 이전의 상태에 비해 나중의 상태는 그 규모나 심도, 영향력의 범위가 보다 확대되고 보다 심화되어 간다는 것입니다. 이것이 소위 "나선형적 순환"(Robin George Collingwood의 표현)으로 불리는 비코의 역사 발전 형태 모델입니다.

6) 비코와 신의 섭리

비코는 역사를 인간 정신의 변화의 소산으로 파악하지만 ("진리란 곧 인간에 의하여 행해진 것"), 그렇다고 그가 인간을 역사의 신(완전한 주체)으로 본 것은 아닙니다. 이점에서 그는 어느 정도 일관적이지 못한 것처럼 보입니다. 실제로 역사 발전 과정에 개입하는 초월적 존재인 신을 배제하려는 노력은 르네상스 이후 지속되었으나, 우리는 헤겔에서조차 "절대정신"이라는 이름으로 위장한 기독교적 신을 만날 수 있습니다. 하물며 헤겔보다 중세와 더 가까웠던 비코는 어떠했겠습니까?

그러나 비코의 신은 중세의 신 — 우주만물의 창조주, 인격체로서 자신의 의도를 실현하기 위해 인간을 지상에 있게 하고, 그로 하여금 역사를 창조케 하는 의지적, 행동적 존재로서의 신 — 과는 분명 다릅니다. 비코의 신은 인격적 존재라기보다는 그냥 진리로서의 신일 뿐입니다. 신은 진리로서 능동적이라기보다 인간의 행위와 발견을 통해 인식될 수 있을 뿐인, 즉 노출될 수 있을 뿐인 섭리에 불과합니다. 그래서 비코에게 있어 역사는 신과 인간의 공동 작품입니다. 인간은 신에 종속된 하수인이 아니라, 대등 관계 속에서, — 즉 신이나 진리에 의해 행위의 제약을 받지 않고 — 자기 관심에 따라 행동합니다. 섭리는 인간이 역사 속에서 각 역사적 단계에 의해 규정된 인간 정신의 수준에 상응하는 범위 내에서 이해할 수 있는 진리이지, 아우구스티누스에서처럼 역사 속에서 인간의 역사(役事)를 통해 증명될 수 있는 것이 아닙니다. 그래서 그의 『새로운 학문』은 결국 '섭리의 해석학'이라 불릴 수 있습니다. 또한 그의 섭리는 나중에 알아보겠지만, 헤겔의 '이성의 간지'와도 유사합니다.6)

---

6) 이 책 139-140쪽 참조.

제 7 장

볼테르: 역사철학의 홀로서기

1. 배 경

볼테르(François-Marie Arouet Voltare)는 오늘날 우리가 알고 있는 '역사철학'이라는 말을 처음 사용함으로써 철학의 새로운 분야를 개척한 사상가입니다. 철학사의 아이러니 가운데 하나는, 역사철학이 계몽주의 시기인 18세기에 등장했다는 사실입니다. 계몽주의 시기는 이성의 시대로 일컬어집니다. 이성은 원리를 인식하는 능력인데, 이때 원리란 불변적인 이치나 법칙을 의미합니다. 따라서 계몽주의의 철학은 그 특성상 시간 속에서 생성 소멸하고 잊혀져 가는 사건들을 다루는 역사에 대하여 관심이 적을 수밖에 없었습니다. 그럼에도 불구하고 왜 역사에 관한 철학적 반성 작업인 역사철학이 이 시기에 등장했을까요? 우리는 역사철학이 성립하게 된 배경과 고대 그리스에서 역사의식이 성립하게 된 배경 사이에 많은 공통점을 발견할 수 있습니다.

① 시민의식 내지 정치의식의 성장 : 영국 등에서 일어난 시민혁명의 결과 점차 시민들의 자유가 보장받게 되었으며, 바람직한 정체(정치 권력의 제도) 등에 대한 일반인의 관심이 증대되었습니다.

② 타문화권과의 깊이 있는 접촉 : 이 시기에는 특히 선교사들의 선교 활동에 의해 동양의 종교나 사상과의 접촉이 활발해지고 그 심도 또한 깊어지기 시작했습니다.

③ 자연에 대한 이해의 증가 : 자연과학을 통한 자연에 대한 이해의 증가는 결국 인간 자신의 본성에 대한 이해를 추구하려는 욕구와 반성의 태도 역시 증가시켰습니다. 인간의 본성도 자연이므로 자연에 대한 인간의 지배력이 증가하면 할수록 그 인간의 자연을 자유롭게 하거나 올바로 통제할 수 있는 가능성에 관한 관심도 증가한 것입니다. 다시 말해 인간 본성에 대한 이해의 필요성과 역사의식의 고취는 불가분적이라는 것입니다.

이러한 사정을 고려할 때 벌써 계몽주의 시기에서 말하는 진보와, 그 이전 시기의 기독교적-구원사적 의미의 진보 사이의 차이가 드러납니다. 후자의 진보는 지상에서의 물질적 삶이나 행복과는 무관한 것이었습니다. 거기서는 금욕적인 태도나 도덕적인 완성이 중시되었고, 제도상의 개선을 통한 삶의 질 개선 등이 근본 관심사는 아니었습니다. 또 기독교적 진보는 역사의 종착점으로서 초월적인 목적을 제시했습니다. 반면 계몽기의 진보는 학문과 기술 발달에 의한 자연(외적, 내적)에 관한 이해와 통제 가능성의 증가를 의미합니다. 또 그렇게 함으로써 인간 개인이나 사회 전체의 물질적 행복과 복지가 증대되고, 정치적인 완성을 꾀할 수 있게 됨을 뜻합니다. 물론 그 결과 도덕적인 진보도 일어난다고 봅니다. 또한 이러한 계몽기적 진보는 근본적으로 어떤 시점에서 완성되는 것이 아니라 무한히 계속되는 것이라는 생각이 일반적이었습니다.

④ 학문적인 풍토(학문 내재적 배경) : 18세기는 기존의 모든 학문들을 원리에 따라 분류하고, 각 학문들의 학문으로서의 위치와 자격을 인간 지식의 전 체계 내에서 검토하고 부여하려는, 소위 학문 이론적(wissenschaftstheoretisches) 관심이 등장한 시기입니다. 학문의 종류가 다양해지고 세분화되었기 때문입니다. 따라서 이러한 학문 이론적 관심 — 물론 그 당시는 아직 오늘날과 같이 학문 이론이나 과학철학이 독립된 분과로서 다루어지지는 않았습니다 — 을 잘 반영한 것이 바로 '백과전서'(Enzyklopädie)라는 개념입니다. 백과전서 하면 오늘날은 잡다한 지식의 나열을 떠올리는 경향이 있습니다. 그러나 그 본래 의미는 국소적인 지식의 내용을 다루는 항목들의 총망라가 아니라, 학문들 일반에 대한 '입문' 내지 '예비학'이라는 의미를 가졌습니다. 칸트나 헤겔 등의 백과전서 강의는 이런 맥락에서 이루어진 것입니다. 즉 학생들에게 모든 지식의 유기적

이고 내적인 연관 관계와 구조, 그리고 그 지식들의 실천적인 목적을 가르쳐주는 과목이었습니다. 논리학, 수학, 물리학, 지리학, 생물학, 화학, 심리학, 형이상학 등등의 학문들이 무엇을 의도하는 학문들이고 또 서로 어떠한 관련을 맺고 있는가를 알려주는, 교양과목 중에서도 가장 핵심적인 과목이라고 할 수 있는 것이었습니다.[1]

역사도 이제 이러한 의도에서 예외가 될 수 없었고, 학문으로서의 독자적인 원리, 학문성, 의도, 전 지식 체계 내에서의 위치 등을 다시 문제삼게 된 것입니다. (그러나 참고로, 볼테르는 백과전서파의 활동에 대해서 비판적이었습니다.) 특히 역사의 학문적 원리와 관련해서는 신학적인 역사 해석의 원리가 도전받기 시작했고, 역사를 전적으로 인간 자신의 본성, 행위, 기능, 능력 등의 소산으로 간주하려는 시도들이 나타나게 되었습니다.

---

1) 달랑베르의 백과전서 서문 중 다음 내용을 참조하기 바랍니다: "(오늘날) 사람들은 상이한 발견물들(지식)의 연관 관계에 대해서는 대개 고려하고 있지 않는 실정이다. 그러나 학문들과 기술들이 서로에 대하여 늘 도움이 된다는 사실을 인식하기란 어렵지 않은 일이다. 따라서 어떤 공통적인 것이 그것들을 결합시켜야만 한다는 사실이 분명하다. 학문들과 기술들을 소수의 규칙들이나 기본 개념들에 의하여 규정하기가 종종 어려운 것은 사실이지만, 무한하게 분화된 인간 지식을 하나의 통일적인 체계 속으로 집어넣는 일은 이제 더 이상 어려운 과제가 아니다."(Jean Le Rond d'Alembert, *Einleitung zur "Enzyklopädie"*, hg. v. Günther Mensching, Frankfurt a. M., 1989, 12쪽.)

볼테르(1694-1778)는 이러한 배경 속에서 역사 이해의 새로
운 전환점을 마련합니다. 그는 흄(Hume)의 『영국사』(1754-
1762)에 대한 서평에서 '역사철학'라는 표현을 처음 사용했습
니다. 그리고 1764년 같은 제목의 글을 이미 그가 1756년 출
판했던 작품인 『일반사 및 샤를마뉴로부터 우리 시대에 이르
는 민족들의 관습과 정신에 관한 에세이』(*Essay sur l'histoire
générale et sur les moeurs et l'esprit des nations depuis
Charlemagne jusqu'à nos jours*, 이하 『에세이』)의 서문에 포
함시켰습니다.

2. 『에세이』의 의도와 그의 역사관의 특징

1) 『에세이』의 의도

볼테르는 이 작품으로 보쉬에(Jacques Bènigne Bossuet)의
『보편사 논고』(*Discours sur l'histoire universelle*, 1681)가 보
여준 역사 해석을 반박하려 했습니다. 보쉬에는 아우구스티누
스의 『신국』을 모델로 삼아 역사 과정에서 신의 섭리가 주도
적인 역할을 한다고 보았습니다. 아담으로부터 샤를마뉴 대제
에 이르는 시대의 흐름을 서술하고, 유대인의 구원사적인 의미
의 역사와 세속적인 왕국의 역사를 병행하여 재구성하면서, 프
랑스 왕위 계승자의 정통성을 정당화하려 했던 것입니다. 말하
자면 이른바 '왕권 신수설'을 옹호하고자 한 것입니다. 그러나

이제 볼테르는 역사로부터 신의 섭리를 완전히 배제하려 할 뿐 아니라, 정치적 갈등이나 새로운 왕조의 등장, 소멸, 전쟁 등과 같은, 과거 역사에서 일반적인 주제들이었던 것들도 배제합니다. 교회의 권위뿐 아니라, 정치 권력의 욕구 충족에 봉사하려는 의도에서 역사를 왜곡시켜 온 역사가들을 비판하고자 한 것입니다.

그러면 볼테르는 역사학을 신학으로부터 해방시키기 위해 어떠한 전략을 취했는지 알아봅시다.

① 주제 선정 : 그는 과거의 역사서가 일반적으로 다루던 주제들을 회피하고 배제했습니다. 그래서 **왕조의 역사나 정치적 갈등 및 전쟁의 역사, 성경과 고대 세계의 역사** 등을 아예 다루지 않거나 보조적으로만 취급했습니다. 그는 다음과 같이 말합니다: "나는 여기서 왕조의 변혁에 관해 다루기보다는 일반적으로 인간적인 것을 다루고자 한다. 역사에서 주목받아야 하는 것은 인간적인 장르이다: 모든 역사가들은 '나는 인간이다'라고 말해야 한다; 그러나 [이제까지] 대부분의 역사가들은 전쟁에 대해서 기술해 왔다."[2]

② 역사 서술의 출발점 : 볼테르는 보쉬에가 그의 역사 서술을 멈춘 샤를마뉴로부터 시작했으며, 역사의 기원(기록으로서의 역사)과 관련해서는 유대 민족이 아니라, 회교 전통의 오리엔트, 인도, 중국 등을 강조했습니다. 이렇게 하여 유럽 중심

---

2) 『에세이』, XII, 72.

적이고 기독교적, 목적론적 역사 서술의 관점과 보편사적 관점
의 지평을 훨씬 넓히는 계기를 마련한 것입니다.

③ 서술 내용 : 인간 정신과 삶의 방식에 지속적으로 큰 영
향을 미치는 것을 기후, 통치 형태, 종교 등으로 보고, 이것들
이 서로 어떠한 관계에 있는가를 경험적이고 실증적으로 탐구
하고자 합니다. 그리하여 다양한 형태의 문화를 이야기하면서
도 근본적으로는 동일한 '인간 본성'을 보여주고자 합니다.

④ 문체나 스타일 : 역사 서술에 있어서 볼테르는 작가로서
의 자신의 면모와는 전혀 다른 모습을 보여줍니다. 그는 상상
력을 최대한 자제할 것과 영웅적 인물들의 일화나 그들의 행
위 동기들을 억지로 추측하지 말 것을 강조하는 등, 심리학적
통찰을 불필요하고 해롭다고 여깁니다. 또 비인칭적인 술어와,
건조하고 분석적인 문체를 선호합니다.

　성경의 역사 기록을 패러디하면서 유대-신학적 역사를 비판
하고 있는 볼테르의 다음 글을 읽어봅시다.

　"우리들의 역사가들[즉, 세속사가]이 이따금 모순을 범하듯이
우리는 역대기가 열왕기나 그 'chronologie' 및 사건들과 매우
자주 모순된다는 사실을 확인할 수 있다. 더욱이 만일 신이 항
상 유대인의 역사를 기록하고 있다면, 그가 아직도 그것을 기록
하고 있다고 믿을 수밖에 없는데, 유대인들은 언제나 그의 소중
한 신민이기 때문이다. [그 기록에 따르면] 유대인들은 언젠가는
회개하여야만 하며, 또한 자신들의 분산(分散)의 역사를 신성한
것으로 간주할 권리가 있다. 마치 신이 그들의 왕들의 역사를

106

기록했다고 말할 권리가 그들에게 있는 것처럼.

우리는 다음과 같이 생각할 수도 있겠다: 신이 매우 오랫동안 그들의 유일한 왕이었고, 게다가 그들의 역사가였기에 우리는 모든 유대인들을 더 깊이 존경해야만 한다고.

그러나 그렇다고 해서 저 유대인의 고물장수[즉, 성경을 기록한 사람들이나 성경 속의 등장 인물들]가 시저나 알렉산더보다 무한한 우위에 있다고 말할 수는 없다. 세속사가들에 의하여 그리스와 로마의 역사가 우리에게 전달되지 않았을 때까지는, 그들의 역사가 신성 그 자체에 의하여 쓰여졌다고 당신들에게 증명하는 한 고물장수 앞에 어떻게 엎드리지 않을 수가 있었겠는가?

우리가 열왕기와 역대기의 문체를 신성하게 간주할 수 있다고 하여도, 그 역사 속에서 말해진 행위들은 아직 신성하지 않은 것일 수 있다. 예를 들어 보자. 다윗(David)은 우리야(Urie)를 살해했고, 이스보셋(Isboseth)과 므비보셋(Miphiboseth)도 살해되었다. 압살롬(Absalon)은 암논(Ammon)을 살해하였고, 요압(Joab)은 압살롬(Absalon)을 살해하였으며, 솔로몬(Solomon)은 그의 형제인 아도니야(Adonias)를 살해했고, 바아사(Baasa)는 나답(Nadab)을, 시므리(Zambri)는 엘라(Ela)를 살해했다. 오므리(Amri)는 시므리(Zambri)를 살해했고, 아합(Achab)은 나봇(Nabeth)을 살해했고, 예후(Jehu)는 아합(Achab)과 요람(Joram)을 살해했다. 예루살렘의 거주자들은 요아스(Joas)의 아들인 아마샤(Amasias)를 살해했고, 야베스(Jabes)의 아들 살룸(Sellum)은 여로보암(Jeroboam)의 아들 스가랴(Zacharias)를 살해했다. 므나헴(Manachem)은 야베스의 아들 살룸을, 르말랴(Romelie)의 아들 베가(Phacee)는 므나헴의 아들 브가히야(Phaceia)를 살해했고, 엘라(Elea)의 아들 호세아(Ozee)는 르말랴의 아들 베가를 살해했다. 우리는 살해에 관한 다른 많은 자질구레한 사례들을 불문에 그치도록 하자. 그러나 만일 신성한 정신이 그러한 역사를 기록했다면, 그것이 매우 **교훈적인 주제**를 선택한 것은 아니라는 점을 인정해야만 할 것이다."3)

2) 역사관의 특징

① 역사의 학문성 : 계몽기 프랑스 사상가들이 대부분 그랬듯이 볼테르도 종교의 거짓과 위선을 고발하면서, 기존의 역사 서술 속에 있는 거짓 내용과 속임수의 가면을 벗기다 보니 역사 기록의 진실성 자체를 의문시할 수밖에 없었습니다. 예를 들면 기적이나 신의 섭리에 대한 기록이 그러했습니다. 볼테르는 역사 서술에 있어서 실증적이고 경험적인 탐구를 강조했으면서도, 근본적으로 역사적 진실은 수학이나 기하학에서와 같은 엄밀함과 확실성에는 이르지 못한다고 보았습니다. 역사적 확실성은 '사실임직함'(vraisemblance)의 정도인데, 이는 근본적으로 변하지 않는 '인간 본성'(nature humaine)이나 '공통감'(sens commun)이 역사적 사실과 일치하거나 양립할 수 있다는 데에서 성립한다고 봅니다.

역사가는 최대한 이 '사실임직함'의 수준에 도달하려는 노력을 기울여야 하며, 외적 자연이든 인간의 자연이든 그 자연 안

---

3) "Histoire des rois juifs et paralipomènes", *Dictionnaire philoso-phique*, Édition présentée et annotée par Alain Pons, Gallimard, 1994, 305쪽 이하(강조 필자). 인명 표기는 톰슨성경 위원회/라이프성경 위원회, 『Life Bible 라이프성경』, 기독지혜사, 1989에 따랐음.

에 있는 것만을 참으로 인정해야 한다고 합니다. 그래서 그는 "자연 안에 있지 않은 것은 결코 참이 아니다"(Ce qui n'est pas dans la nature n'est jamais vrai)라고 말합니다. 자연법, 자연의 물리적 법칙, 자연 종교 등의 시각에 입각하여 합리적으로 수긍할 수 있는 사실만을 탐구해야 한다는 것입니다. 이로써 역사적 사실의 실재성과 합리성이 나름대로 확보될 수 있다는 것입니다.

이와 더불어 볼테르는 역사가가 역사에 내적인 일관성을 부여할 수 있어야 한다고 합니다. 즉 무질서하고 잡다하게 주어진 사실들의 다양성을 극복하고 본질적인 부분만을 드러내어 진보의 과정을 재구성할 수 있어야 한다는 것입니다. 따라서 역사 서술에서는 삭제와 강조가 불가피하다는 것입니다.

② 역사와 진보 : 볼테르에 의하면 역사의 진행 과정은 기본적으로 인간 이성의 진보 과정으로 보아야 합니다. 신학적인 입장을 배제하고, 정치적 요소마저 제거한 볼테르가 과연 무엇을 진보의 기준으로 볼까요?

볼테르는 시대에 따른 문화의 누적이 곧 진보를 의미한다고 합니다. 예컨대 로마인은 그리스 문화를 수용하고 거기에 새로운 요소를 가미할 수 있었기 때문에 그리스인보다 로마인의 역사가 진보 상태를 보여준다는 것입니다. 또 르네상스인은 로마 문화 + α를 낳았고, 프랑스인은 피렌체 문화 + β로서 루이 14세 문화를 낳았으므로 결국 이 루이 14세 문화는 고대 그리스 문화와 비교해 볼 때 커다란 진보를 보여준다는 것입니다. 볼테르에 따르면 역사가는 그 자신의 시대와 문화의 진정한 모습을 완성된 그림으로 그려 후세에게 보여주는 일을 과제로 합니다. 그렇게 하여 역사가는 인간을 편견으로부터 해방시키고 성숙하게 한다는 것입니다. 그는 『에세이』에서 다음과 같이 말합니다.

"우리가 길고도 험난한 여행에서 얻을 수 있는 가장 커다란 이득은 다음과 같은 것이다. 즉 그것은 인도에서 유럽인들을 죽이러 가는 데 가담하지 않는 것이라든가, 여러 민족들의 재산을 약탈한 터키의 비회교도들을 다시 약탈하는 것 등은 아닐 것이다. 그것은 또한 바이욘느(Bayonne)에서 코로만델(Coromandel) 해안에 운반되어 온 카푸친 수도회의 수도사를 무죄 방면해 주는 것도 아닐 것이다. [이런 것들도 물론 이득이라고 할 수는 있겠지만] 가장 큰 이득은 지구의 다른 나머지 부분들을 그들의 **종탑**[편견이나 종교의 교단]에 의해 판단하지 않는 법을 배우는 일에 참여하는 것이다."4)

③ 세계 보편사적 관점 : 보편사적 관점은 이미 폴리비오스나 아우구스티누스에게서 시작되었으나 그 대상 세계나 관점은 제한적이었습니다. 볼테르는 인간의 예술, 지식, 과학, 풍습, 음식, 기술, 오락, 상업, 일상생활 등을 망라한 명실상부한 세계 보편 문화사적 역사의식과 관점을 마련하려 했다고 할 수 있습니다. 그러나 볼테르도 대부분의 역사철학자들처럼 역사 시대의 구분을 엉성하고 조잡하게 했습니다. 그는 서양의 역사를 네 개의 시기들로 구분하는데, 그리스, 로마, 르네상스, 루

---

4) 『에세이』, XXIX.

이 14세의 시기가 그것입니다. 그는 기독교에 대한 반감으로 인하여 엄연한 역사상의 실재인 중세를 무시합니다.

④ 볼테르는 완전히 인간 중심적인 근대적 역사관을 확립함으로써 역사 사상사의 큰 전환점을 제공했다고 할 수 있습니다. 그래서 콜링우드 같은 사가는 역사 사상사의 첫 번째 전환점을 헤로도토스, 두 번째 전환점을 4-5세기경의 기독교적 역사 사상의 성립(아우구스티누스), 세 번째 전환점을 볼테르에게서 찾고 있습니다.

> ⚡ 역사 해석에서 신학적 관점, 즉 섭리를 제거한 볼테르는 역사의 메커니즘과 그 메커니즘을 움직이는 원인을 어떻게 이해할까요? 또 그가 역사적 진보의 궁극 목적에 대해서 할 수 있는 말은 무엇일까요?

그는 역사의 메커니즘과 관련하여 인간의 본성과 자연의 상호 작용을 말하지만 그 불변적 본성을 무엇으로 볼 것인가에 대해서는 만족할 만한 대답을 주지 못하고 있는 것처럼 보입니다. 기껏해야 18세기의 프랑스적 가치관이나 학문적 우월감을 기준으로 하여 그것에 일치한다고 생각되는 것을 본성적인 것으로 간주하는 경향을 보일 뿐입니다. 그래서 과거 시대의 평가나 이해의 궁극적인 기준을 자기 시대의 가치관, 생활양식, 의식 수준에서 찾았을 뿐, 그 이상의 기준은 제시하지 않았습니다. 이것은 그가 각 시대 고유의 의미에 대한 이해에는 무관심했다는 것을 뜻합니다. 그는 과거를 있었던 그대로 재현하는 것보다는, 그것을 현재의 기준에서 비판하기 위해서만 언급하는 경향을 보입니다. 결국 전통이나 역사의 권위를 무시하는 것입니다. 또한 그는 진보를 문화적 누적에서 찾지만 무엇이 그러한 문화적 누적으로서의 진보의 최종 목적인지에 대해서는 침묵합니다. 따라서 자신의 위치에서 과거에로의 회고만 있을 뿐, 미래에 대한 진지한 전망은 없는 역사관이라고 할 수 있습니다.

제 8 장

칸트의 역사 이념

1. 배 경

계몽주의 철학자들의 역사에 관한 관심은 주로 역사의 진보
에 관한 것이었다고 할 수 있습니다. 그 대표적인 두 작품을
들면 다음과 같습니다. 먼저 영국의 퍼거슨(Adam Ferguson,
1723-1816)의 *An Essay on the History of Civil Society*(1767),
그리고 스위스의 이젤린(Isaac Iselin, 1728-1782)의 *Über die*
Geschichte der Menschheit(1764). 이 두 작품들은 계몽기의
진보사관을 대표하는 역사철학 저서라고 할 수 있는데, 특히
후자는 루소의 문명 비판에 대한 가장 탁월한 반론으로 간주
되었습니다. 이들은 모두 철학자가 역사 서술에 있어서 수행해

야 할 과제를, 인류가 야만 상태로부터 문명 상태로 진보해 나아간 과정을 기술하는 것에서 찾았습니다.

그러나 우리가 주의할 점은, 계몽기의 역사 사상이 곧 진보사관을 의미하는 것은 아니라는 사실입니다. 그리고 이 점이 계몽주의 철학에 관한 피상적인 이해가 자주 간과해 온 부분입니다. 『계몽의 변증법』을 쓴 아도르노와 호르크하이머, 또 프랑스의 포스트모더니스트들은 그와 같은 잘못을 범했다고 여겨집니다. 진보사관에 반대한 철학자들의 면모를 살펴보면, 그들이 결코 이류나 삼류급 사상가들이 아니었다는 사실을 알 수 있습니다. 루소, 멘델스존, 엥엘, 벨르(Pierre Bayle, 1647-1706)[1] 등은 당시의 여론 메이커들이었다고 할 수 있습니다.

역사의 진보를 주장한 사람들의 생각은 다음과 같이 정리할 수 있습니다.

① 그들은 지식의 확대라고 하는 기준을 강조하면서도, 인류의 도덕이나 행복이라는 관점의 진보, 더 나아가 문학이나 예술 등의 영역에서의 진보도 가능하며 또 실제로 일어나고 있다고 믿었습니다.

② 그들은 진보의 추진력을 이성에서 찾았고, 인간이 이성에 의하여 자연을 정복할 수 있을 뿐 아니라, 인간 자신의 본성도 철저하게 지배할 수 있으리라고 보았습니다.

---

1) 벨르는 지적인 진보는 인정했으나, 도덕적인 진보에 대해서는 회의적이었습니다.

③ 이성의 사용을 극대화하여 지식을 축적하고, 그 결과물을 모든 계층의 사람들에게 보급하는 일, 더 나은 정치 제도를 설립하고, 전쟁 방지를 위해 국제적인 협력을 추구하는 일 등을 '인간의 사명'으로 간주하였습니다.

반진보 내지 진보의 불가능성을 주장한 사람들의 입장은 다음과 같습니다.

① 루소 : 진보를 가로막는 내적인(인간학적인) 요인이 있는데 그것이 바로 인간의 '자기완성(개선) 능력'(perfectibilité)이라고 합니다. 이것은 인간으로 하여금 '자연' 상태의 평온함과 만족으로부터 벗어나 끊임없이 불필요한 욕망과 충동을 추구하게 만드는 것이라고 합니다. 그 자체로 보면 부정적이라기보다 긍정적으로 여겨질 수 있을 것 같은 이 능력이 진보를 방해한다고 보는 까닭은, 그의 자연관에 의해 설명될 수 있습니다. 루소는 홉스와 반대로 자연 상태를 완전하고 건전하며, 꾸밈이 없고, 반성적 사고나 숙고가 불필요한 자족의 상태로 가정하기 때문입니다.

루소는 또한 인간의 근원적인 능력을 이성이 아니라, 감정이라고 하는데, 이것은 크게 '자기애'(amour de soi)와 '연민'(pitié)으로 나누어집니다. 자기애는 부정적인 감정인 '자존심'(amour propre) — 이것은 자기 보존과 안락함에 관한 관심으로서 사회 상태에서 후천적으로 촉발되는 감정인데 — 와 대립됩니다. 그리고 연민은 인간 동족의 고통이나 고난을 보고 자

연스럽게 갖게 되는 혐오감이라고 합니다. 어쨌든 이 두 감정
은 이성적인 것보다 우선적인 것이지만 가르쳐지거나 주입되
거나 강요될 수 있는 성질의 것이 아니며, 자연으로부터 주어
진 것이고 오로지 **상실될 수 있을 뿐**인 것이라고 합니다.

그러나 이러한 내적인 요인만으로 역사의 반진보적 운동을
충분히 설명할 수는 없기 때문에 루소는 외부적인 요인들도
상정합니다. 비우호적인 자연환경(기후, 날씨)이라든지 인구의
증가 등이 그것인데, 이러한 외부적 요인들로 인해 인류는 그
대비책으로서, 무리를 이루게 되며, 거주지를 형성하고(사회의
출현), 도구를 제작해야 하는 등, 지성적인 작업의 필요성이
대두된다는 것입니다. 또한 그 무리 가운데에서 그 구성원들
간의 역할과 관계가 구분되고, 이는 다시 감정의 변화와 상실
을 야기하여, 연민보다는 존경심이나 모욕감, 사랑보다는 시기
등과 같은 감정이 생겨나고, 차별의식, 우월의식 등이 발생한
다고 봅니다. 이상에서 우리는, 루소가 말하는 반진보적 운동
이란 인간의 내적, 외적 요인의 합작물로서 주로 **도덕적, 사회
적 타락**을 의미함을 알 수 있습니다.

② 멘델스존 : 멘델스존 역시 인간학적 본성이 역사의 진보
를 불가능하게 한다고 봅니다. 인간은 자신의 소질과 능력을
계발하기 위하여 외부의 저항과 자극을 필요로 하는데, 그러한
외적 요인이 사라지게 되면 인간의 능력과 소질도 다시 침체
의 나락에 빠지게 된다고 합니다. 예컨대 할아버지 대(代)의
가난은 아버지 대의 부 축적을 가능케 해주지만, 다시 손자 대
의 낭비로 이어지기 마련이라는 거죠. 그래서 멘델스존은 개인

차원의 진보는 가능하고 또 실제로 일어나고 있지만, 인류 역사의 차원에서는 반복적인 순환만이 가능하다고 합니다. 그는 인간 개개인 차원의 능력 내지 소질의 계발만을 가능한 진보로 간주하므로, 인류 차원의 도덕이나 행복의 관점뿐 아니라, 지식, 부, 제도 등의 관점에서도 진보를 부정한 셈입니다.

2. 칸트의 역사 이념과 역사철학의 과제

칸트(Immanuel Kant, 1724-1804)는 역사철학에 관한 전문 연구 업적물을 많이 남기지는 않았습니다. 그럼에도 불구하고 이 주제와 관련된 그의 글들은 적지 않은 영향력을 행사해 왔습니다. 그의 역사철학의 기본 입장이 담겨 있는 대표적인 작품은 『세계 시민적 관점에서 본 보편사의 이념』(*Idee zu einer allgemeinen Geschichte in weltbürgelicher Absicht*, 1784, 이하『보편사』)입니다. 이외에『영구평화론』(*Zum ewigen Frieden*, 1785)은 『보편사』의 입장을 기초로 인류 역사의 궁극 목적 실현을 위한 제안을 한 것이고, 『학부들 간의 논쟁 (2부)』(*Der Streit der Fakultäten*, 1798)은 멘델스존의 순환 사관과의 대결을 포함하고 있습니다. 기타 헤르더(Johann Gottfried Herder)의 저서『인류 역사에 관한 철학적 이념들』에 대한 서평(1785)이나『인류 역사의 추측적 기원』(1786) 등도 역사철학에 관한 글들이라 할 수 있습니다.

칸트의 역사철학을 이해하려면, 먼저 그가 말하는 역사의

'이념'(Idee)을 주목해야 합니다. 그의 역사철학의 주요 개념인 이념은 원래 이성 개념을 의미하는데, 경험을 통해서는 그 표상이 주어질 수 없는 개념을 말합니다. 이 개념은 물론 '이데아'라는 그리스어에서 나온 개념입니다. 이데아란 경험에 의해서 그것에 도달할 수는 없는 것이지만, 우리 인간 심성(이성)이 오히려 그 경험이나 인식을 위해 불가피하게 상정할 수밖에 없는 것이라고 할 수 있을 것입니다. 칸트에게서도 이 이념이 없으면, 인식은 물론 실천적이거나 도덕적인 행위의 가능성이나 그것에 대한 경험이 이해될 수 없는 것입니다.

플라톤의 경우, 인식에 관계하는 이념들, 예컨대 삼각형이면 삼각형의 이데아, 책상이면 책상의 이데아들을 전제해야만 그것들에 대한 인식 가능성이 설명되는 것이었습니다. 1킬로그램, 1미터, 1칼로리 등의 이데아도 마찬가지일 것입니다. 또 덕이라든지, 선, 용기, 정의, 절제 등의 실천적 가치의 이데아들도 우리가 그것들을 상정해야만, 구체적인 행위들의 선함, 덕성스러움, 용감함 등이 평가될 수 있는 것이었습니다. 비록 우리가 일상 경험 가운데 덕 그 자체나 선 그 자체를 온전히 구현하고 있는 행위를 경험하지 못하더라도 말입니다.

그러면 칸트가 역사철학에서 역사의 이념을 말하는 이유는 무엇일까요? 그는 역사철학자가 역사의 이념을 제시하는 사람들이라고 합니다. 철학자가 역사에 관여할 경우, 그의 과제는 경험적 역사가들처럼 인간의 행동이 만들어내는 다양하고 복잡한 사건들을 기반으로 해서 어떤 규칙성을 찾아내려는 시도를 하는 것이 아니라, 오히려 잡다한 사건들이 뒤얽혀 있는 것에 불과한 것처럼 보이는 것을 의미 있는 것으로 보이게 해주는 이념들을 제시해 주어야 한다고 합니다. 이것은 물론 인간의 본성과 관련하여 역사에서 어떤 법칙성을 발견하려는 작업은 아닙니다. 만일 그러한 일이 가능하다면, 역사의 진행 역시 기계적이고 고정된 법칙을 따르는 자연의 운행과 다를 바 없을 것입니다.

자유로운 행위 선택의 능력('자의'[Willkür])을 지닌 인간이기에 그러한 고정 법칙을 발견하는 것은 불가능하다는 것이죠. 그러나 그렇다고 해서 인간이 반드시 그리고 언제나 자유로운 방식으로 행동하고 있다는 것은 아닙니다. 그러한 행위는 도덕적 이상에 적합한 행위일 것이고, 또 인간의 행위가 마땅히 지향해야 할 것이지만, 실제로 언제나 일어나고 있는 행위는 아니라는 겁니다. 인간은 이성뿐 아니라, '경향'(Neigung), 즉 감성적 욕구에 따라서도 행위하려는 존재이기 때문이라는 거죠.

"인간은 어떤 일을 추진할 때 동물처럼 단순히 본능에만 따르지는 않으며, 그렇다고 마치 이성적인 세계 시민처럼 약속되어 있는 하나의 전체적인 계획에 따라 행동하지도 않는다. 그러므로 인간에게 있어 (꿀벌이나 비버의 경우에서와 같은) 계획적인 역사란 불가능한 것처럼 보인다. 인간이 거대한 세계의 무대 위에서 행동하는 모습을 보면, 그 행동이 그때그때 개별적으로는 지혜로운 것처럼 보이기도 한다. 그러나 거시적이고 궁극적인 안목에서 보면 모두 다 어리석고 유치한 허영심으로부터 비롯된 것이거나, 자주 치사한 악의와 파괴욕으로 얼룩져 있음을 발견하게 되어 일종의 불쾌감을 느낄 수밖에 없게 된다. 그래서 우리는 우월 의식에 사로잡혀 있는 우리 인류를 스스로 어떻게 이해하여야 할지 모르게 된다."[2]

칸트는 만일 완전하게 자유로운 이성적 결단과 계획에 의해 인간의 사회적 행위가 이뤄진다면, 이것은 결국 역사가 합리적이고, 누구나 그것을 의도하고 있고 또 그래서 인간들 간의 '약속된 계획'이라고 할 수 있는, 궁극적인 목적에 이를 수 있다는 것을 의미한다고 봅니다. 그런데 실제로는 그러한 행위들과 사건들이 이뤄지지 않고 있기 때문에 역사의 진행 과정 자체가 무질서하고 무의미하며 무계획적인, 더 나아가 모순적인 것처럼 보인다는 것입니다. 그래서 역사철학자의 개입이 요구된다는 겁니다.

칸트는, 역사철학자가 그것이 없으면 무질서와 무의미로밖에는 보이지 않을 그러한 역사에게 이념을 제시함으로써, 역사를 어떤 의미 있고 일관되며, 이해 가능한 과정으로 보일 수 있게 해주어야 한다고 합니다. 그는 또, 이념들을 발견하고 제시하여, 이 이념이 이념으로 받아들여질 때, 이 이념에 근접해 가는 역사가 만들어질 수 있다고 봅니다. 즉 그 이념에 따른 역사의 가능성은, 바로 그 이념이 실현되어야만 하며, 실현될 수 있다는 신념을 가지고 그 이념을 '전형적으로'(exemplarisch) 보여주는 사건들을 만들어감으로써 보장된다는 것입니다. 이 점이 칸트의 역사철학에서 자주 오해되고 있는 부분입니다. 즉 칸트가 마치 역사의 진보를 애당초 결정 내지 규정되어 있는

---

2) 『보편사』, A 387.

과정으로 간주했다는 견해가 그것입니다.

칸트는 자신의 역사철학적 이념을 9개의 명제로 제시하고 있는데, 거기에는 그의 목적론적 관점이 반영되어 있습니다. 예컨대 그는 **모든 유기체(생명체)의 본성적 소질이 언젠가는 완전하게 실현된다는** 관점을 취하고 있습니다(제1 명제). 자연이 인간에게 이성 능력을 부여했는데, 만일 자연이 맹목적으로 움직이는 것이 아니라면, 그러한 능력(소질)은 결국 완성태에 이르게 되는 것으로 보아야 한다는 것입니다. 이러한 관점으로 역사를 바라보면, 역사를 자연의 계획에 따라 움직이는 합목적적인 과정으로 이해할 수 있게 된다는 것입니다. 물론 이러한 목적론적 관점이 이론적으로 정당화되는 것은 아닙니다. 그것은 인식의 대상이 아니기 때문입니다. 그것은 일종의 **요청**과 같은 것입니다. 마치 기하학에서 요청이, 증명할 수는 없는 것이지만 참으로 인정되어야만 그것의 도움으로 여타의 기하학적 진리가 발견될 수 있는 것이듯이, 역사에서도 목적론적 관점의 이념들을 전제할 때, 비로소 역사의 합목적적 질서와 의미가 드러난다는 것이지요.

칸트는 역사 이념에 의해 역사에서도 일종의 '코페르니쿠스적 전회'를 감행하려 했다고 말할 수 있습니다. 즉, 『순수이성비판』에서 인식을 객관에서 주관에로 이르는 길로 보지 않고, 주관에서 객관에로 이르는 길로 보았듯이, 역사철학에서도 역사적 사실이 실재하고 그것에 대한 역사가의 가치 판단이 내려지는 것이 아니라, 오히려 역사가 이성적 인간들의 작품으로 간주되기 위해서는 그것이 어떻게 진행되어 가며 또 가야만

하는가에 대한 이념이 먼저 제시되어야 하고, 그 이념에 따라 역사가 서술되어야 한다는 것입니다.[3)]

더욱 주목할 만한 것은, 그와 같은 역사 서술을 통해 이념의 실현이 가능하게 된다고 하는 생각입니다. 이러한 입장은 헤겔과는 전혀 다른 것이라고 할 수 있는데, 헤겔은 **역사 사건들이 스스로 이성적 원리에 따라 진행된다는** 일종의 현실 긍정적인 **변신론**의 입장을 취하기 때문입니다. 반면 칸트는, 인류의 이성적인 의도가 역사를 통해 실현될 수 있다는 실천 이성의 가능성에 주목하면서도, 우리가 그러한 실현을 확실하게 예언할 수는 없다는 이론 이성의 한계 또한 솔직히 인정하고 있는 것입니다.

칸트는 실천 이성에 따라 가능한 역사를 "선험적 역사"(Geschichte a priori) 또는 "자유의 역사"(Geschichte der Freiheit) 등으로 표현합니다. 그러나 이러한 역사는 자연과학에서처럼 사건들 사이의 인과 관계를 추적하거나, 신의 섭리 등과 같은 '약속된 계획'을 발견하려는 노력에 의해 가능한 것이 아닙니다. 오히려 인간의 행위 속에는 "자연이 숨겨 놓은 계획"(ein verborgener Plan der Natur)이 포함되어 있으며, 이것이 수 세대를 거치며 실현되어 간다는 이성적 요청(일종의 논리적이고 필연적인 가정)으로 역사를 바라볼 때, 그러한 역

---

3) 이한구(편역), 『칸트의 역사 철학』, 서광사, 1992 중 「옮긴이 해제: 칸트와 역사세계」, 149쪽 이하와 김수배, 「칸트의 진보사관. "인간의 사명"에 관한 논쟁을 중심으로」, 『철학』 50집, 1997, 120쪽 참조.

사가 실제로 가능해진다는 것입니다. 이것은 앞에서 지적한 것처럼 목적론적 자연관을 바탕으로 한 역사관으로서, 역사를, 인류가 동물적 야만 상태로부터 스스로의 노력과 작업(무수한 시행착오, 훈련, 시도)으로 이성에 의해 인도되는 완전한 자유의 상태에 도달해 가는 과정으로 보는 것입니다.

3. 칸트 진보사관의 특징

① 칸트는 단순히 과학적 지식이나 문화, 예술, 제도 등의 관점에서 현재가 과거보다 진보했고, 또 미래는 현재보다 나아질 것이라는 믿음을 주장한 것이 아니라, 주로 '도덕적 관점에서의 진보'(sittliche Bildung)를 고려하고 있습니다. 보편적인 법이 지배하는 세계 시민 사회의 건설(제5 명제)이라는 인류 역사의 목적은 곧 '도덕적으로 성숙한'(moralisiert) 인간들의 사회를 의미합니다.

② 칸트에 따르면 역사의 진보는 점진적인, 여러 세대에 걸친, 거의 눈에 보이지 않는 진전이지 비약이 아닙니다. 다시 말해 혁명이 아니라 개혁에 가까운 것입니다. 그리고 이때 개혁은 근본적으로 사고 방식의 개혁을 의미하며, 제도의 개혁을 뜻하지는 않습니다. 사고 방식의 변화 없는 혁명은 하나의 독재를 다른 독재로, 낡은 편견을 새로운 편견으로 대체할 뿐, 진정한 변화를 뜻하지는 않는다는 것입니다. 칸트가 프랑스 혁명을 줄곧 지지한 것은, 그것이 바로 그러한 사고 방식의 혁명

을 동반한 것이라고 생각했기 때문입니다.

③ 그가 말하는 진보의 추진력은 초자연적인 섭리, 혹은 헤겔에서와 같은 신적인 '이성의 간지'가 아니라, 인간 자신이 지닌 인간학적 소질입니다. 소위 '반사회적 사회성'(ungesellige Geselligkeit) 또는 '항쟁'(Antagonism)이 그것입니다. 그는 『보편사』에서 그러한 소질을 다음과 같이 설명합니다.

"자연이 인간으로 하여금 자신의 모든 소질을 계발하게 하기 위하여 사용하는 수단은 인간들이 사회 속에서 보여주는 상호간의 항쟁이다. 이 항쟁이 궁극적으로 그 사회의 합법칙적인 질서를 가져오는 원인이 되는 한에서 그렇다. 나는 항쟁이라는 말로 인간이 가지는 반사회적 사회성을 뜻한다. 즉, **사회를 분열시키려고 끊임없이 위협하는 집요한 반항력과 결합하고 있으면서도 사회를 이루어 살려는 인간의 성향**을 말한다. 이러한 성향에 관한 소질은 분명 인간의 본성에 존재한다. 인간은 사회 속에서만 자신을 인간 이상으로 느끼기 때문에 자신을 사회화하려는 경향을 갖는다. 다시 말해 인간은 사회 속에서 자신의 자연적 소질이 구현됨을 느낀다. 그러나 다른 한편 인간은 자신을 개별화하려는 (고립시키려는) 강력한 성향도 갖고 있다. 오로지 자신의 의도에 따라서만 행위하려는 반사회적인 특성도 갖고 있기 때문이다. 인간은 자신이 다른 사람들에게 저항하려는 성향을 갖고 있다는 사실을 스스로 알고 있기 때문에 그 자신 역시 도처에서 다른 사람들의 저항에 부딪히게 되리라 예상한다. 이와 같은 저항이야말로 인간의 모든 능력을 일깨워 주며, 인간으로 하여금 나태해 지려는 성향을 극복하게 하고, 명예욕이나 지배욕, 소유욕 등에 의해 행동하게 한다. 이렇게 해서 인간은 함께 어울리기도 힘들지만 그렇다고 해서 벗어날 수도 없는, 자신의 동시대 인들 가운데에서 하나의 자리를 차지하게 된다. 이렇게 하여 인간은 야만의 상태로부터, 본래 인간의 사회적 가치에서 성립하는 문화를 이룩하기 위한 진정한 진보의 첫걸음을 내딛게 된다. 이때부터 인간의 모든 재능들이 점차 계발되고 아름다움을 판정하는 능력도 형성된다. 또 지속적인 계몽을 통해 도덕적 분별력에 관한 조야한 자연적 소질이 서서히 특정한 실천적 원리들로 변화될 수 있으며, 자연적인 감정을 기반으로 결합된 인간 사회를 도덕적인 사회로 바꿀 수 있는 사고 방식이 자리잡기 시작한다. 모든 사람들이 자기 자신의 이기적인 자만감에서 반드시 발견하게 되는 그러한 저항을 산출하는 반사회성은, 그 자체로 놓고 보면 사랑받을 만한 속성은 아니다. 그러나 그와 같은 반사회성이 없다고 한다면, 인간의 모든 재능들은 개인들의 완전한 조화와 만족감, 그리고 상호간의 사랑으로 가득 찬 목가적인 삶 속에서 꽃피우지 못하고 영원히 묻혀 버리고 말 것이다. 그리고 인간 자신이 방목하는 양처럼 선량한 기질의 사람들은 그러한 가축이 지니는 가치보다 더 큰 가치를 자신의 존재로부터 결코 만들어내지 못할 것이다. 그러한 사람들은 이성적 자연이라는 그들의 목적과 관련하여 창조의 빈 공간을 채워 주지 못하기 때문이다. 그러므로 불화와 시기와 경쟁을 일삼는 허영심, 막힐 줄 모르는 소유욕과 지배욕을 있게 한 자연에 감사하라! 그러한 것들이 없었다면 인간성 속에 있는 모든 뛰어난 자질들이 영원히 계발되지 못하고 사장되고 말 것이기 때문이다. 인간은 조화를 원하지만, 자연은 불화를 원한다. 자연은 무엇이 인간을 위해 좋은 것인지를 더 잘 알고 있기 때문이다. 인간은 여유롭고 만족스럽게 살고자 한다. 그러나 자연은 인간이 나태와 수동적인 만족감으로부터 벗어나 노동과 고난 속으로 돌진하기를 원한다. 그렇게 함으로써 그러한 노동과 고난으로부터 다시 현명하게 벗어날 수 있는 방법을 발견하게 하는 것이다. 이를 위한 자연의 추진력인 반사회성 및 지속적인 저항의 원천은 많은 악을 발생시키지만, 동시에 인간의 능력을 새롭게 긴장시켜 주며, 결국 자연적 소질을 더 많이 계발시켜 준다. 따라서 그러한 자연의 추진력은 어떤 지혜로운 창조자가 부여한 질서를 잘 드러내 주는 것이지, 어떤 심술궂은 악마의 손길이 인간이라는 놀라운 작품을 서툴게 다루고 있거나 시기심으로 망쳐버리고 있음을 보여주는 것은 아니다."4)

칸트의 항쟁 개념은 다윈의 적자 생존식 '투쟁'(Kampf) 개념, 또는 헤겔 변증법의 정반합적 지양 개념 등과는 많이 다릅니다. 그것은 너 죽고 나 살자는 식의, 그러니까 자신의 전 존재를 건 투쟁이 아니라, '논쟁'(Streit)에 가까운 개념입니다. 즉 상대방의 이성과 나의 이성이 만나서 대화와 토론으로 서로를 개선시키고, 확대된 이성적 결론에 도달하듯, 끊임없이 인간적인 약점들과 한계가 노출되고 보완되어 가는 과정을 의미합니다. 또한 '합'(Synthesis) 속에서 '정'과 '반'이 용해되어 버리는 것이 아니라, 두 요소들이 공동의 전체를 이루되 자신들의 독자성을 계속 유지하는 상태를 말합니다. 다시 말해 요소 개체들의 개별화 경향과 집단화 경향이 더 높은 단계에서도 계속 존립함을 뜻합니다.

④ 비록 하나의 이념으로서이기는 하지만, 법이 지배하고, 개인의 자유가 보장되는 세계 시민 사회의 건설을 역사의 궁

---

4) 『보편사』, A 392(강조는 필자).

극 목적으로 간주한 것, 그리고 그 속에서 개인뿐 아니라 국가 간의 영구 평화가 가능하다고 본 것은, — 이러한 사상은 나중에 국제연맹과 유엔 등 국제기구의 사상적 기초가 됩니다 — 칸트가 역사를 정치사와 밀접한 것으로 간주한 것을 의미합니다.

> ⚡ 칸트는 모든 이성적 존재자의 도덕적 능력을 확신했던 철학자로 잘 알려져 있습니다. 그러한 관점에서 그는 모든 인간에게 도덕적 의무와 책임을 귀속시킬 수 있다고 보는데 이러한 도덕철학적 입장과 '도덕적 관점에서의 진보'라는 역사철학적 입장이 조화될 수 있을까요?

제 9 장

헤겔의 이성의 역사

1. 배 경

주지하다시피 칸트의 비판철학은 칸트 자신의 의도와는 무관하게 형이상학의 권위를 추락시키는 결과를 가져온 반면, 그의 역사철학은 역사의 위상을 상승시키는 역할을 했습니다. 헤겔(Georg Wilhelm Friedrich Hegel, 1770-1831)은 칸트의 진보사관을 이어받아 자신의 독특한 방식으로 발전시킨 철학자입니다. 헤겔에 의하면 역사철학은 철학 체계의 일부를 구성하는 한 분과 영역이 아니라 철학 전체의 귀결이자 완결로 간주되어야 하는 것입니다. 나중에 알아보겠지만 이 점에서는 마르크스와 엥겔스도 마찬가지입니다. 헤겔은 역사철학이 '정신적 현실성'(die geistige Wirklichkeit)의 전체를 다루는 학문으로 보기 때문입니다. 흔히 그의 철학은 '정신철학'이라고 불리는데 대체 정신이란 말은 무엇을 의미할까요?

'정신'(Geist)은 타 언어로는 적절히 번역되기 어려운, 독일 철학 고유의 개념이라고 할 수 있습니다. 그것은 일단 **물질 세계와 비물질 세계 모두를 포함한 세계 가능성의 원리**라고 정의할 수 있습니다. 그리고 헤겔에 따르면, 물질-정신의 대립은 아주 초보적인 단계의 정신, 즉 감각으로서의 의식 단계에서나 성립하는 것이고 이성의 단계에서는 사라지는 것이라 합니다. 헤겔의 정신은 어떤 발전 단계에 이르게 되면 이성과 동일시될 수 있지만, 우리가 이성을 좁은 의미로, 즉 합리적 사고의 능력으로서 인간을 다른 동물과 구분시켜 주는 종차로 해석할 경우, 그것은 정신과 동일시될 수 없습니다.

어떤 의미에서는 스피노자의 자연, 특히 '능산적 자연'이나 베르그송의 '생명력' 등과 유사한 개념이라고 할 수 있습니다. 그러나 베르그송에게서 이성은 세계의 연속성을 파악하는 데 있어서 극복되어야 할 무엇(관점)이었으나, 헤겔의 경우는 자신을 최고로 발달시킨 이성만이 세계와 정신의 본성을 파악할 수 있다고 봅니다. 또한 헤겔의 정신은 세계 가능성의 원리로서 능산적 자연같이 그 세계에 몰입되어 있기만 한 것이 아니라, 그 본성상 자기 자신을 의식하면서 세계를 대상화하고 객관화시켜 파악하고, 다시 어느 단계에 이르면 대상화된 세계와 자기 자신을 일치된 것으로서 파악함으로써 자기 자신의 완성된 인식에 도달합니다.

헤겔은 자신의 대표적인 저서 중 하나인 『정신현상학』(*Die Phänomenologie des Geistes*, 1807)에서 이러한 정신의 자기 전개 과정을 근거로 해서 자신의 정신철학 전체의 개요를 제시하고 있습니다. 한편 그의 『철학백과전서』(1817)에 의하면 본래의 철학 체계는 논리학, 자연철학, 정신철학으로 이루어집니다. 이때 논리학은 최고의 단계에 이른 정신, 즉 절대정신(이성)이 자신의 전개 방식, 즉 자신의 활동을 자기 자신에 있어서 (즉자적인 방식으로) 인식하는 학이라 합니다. 이러한 논리학은 단순히 사유의 형식에 관한 학이 아니므로 순수 이성의 개념들이나 판단, 추리 등을 분석하고 그것들의 관계를 밝히는 데에서 그치는 학이 아니라고 합니다. 그러한 개념들, 범주들, 판단, 추리 등은 사유의 규정, 즉 정신이 스스로에 대하여 행사하는 규정이면서 동시에 실재 존재 세계의 구조와 운동(변화) 방식과 일치한다고 합니다. 따라서 논리학은 정신의 자기 규정 방식이 객관적 세계에 대하여 자기 산출적 관계를 맺고 있음을 밝히는 과제를 가진다는 것입니다. 이러한 생각은 처음에는 생소하게 들릴 수도 있습니다. 어쨌든 헤겔은, 이성의 구조는 곧 현실의 구조와 같으며, 이성적인 개념들, 그리고 그 개념들 간의 관계는 사실들, 사건들, 실재 세계로부터 추상되어 얻어진 것들이 아니라, 오히려 그 반대라고 합니다. 즉 현실이 이성의 자기 규정을 통한 전개 방식에 따라 산출된다는 것입니다. 이러한 점에서 헤겔의 생각은 동양의 주역 논리와도 흡사하다는 인상을 받습니다. 주역적 논리의 전개 양상이 곧 현실 세계의 변화와 일치한다고 할 수 있기 때문입니다.

헤겔에게서 자연철학은 정신이 자신을 외적 존재의 형태로 파악하는 학입니다. 여기서는 말하자면 정신이 자기 자신의 모습을 자기로부터 외화된 외부 현실 세계의 모습을 통해, 즉 자연을 통해 인식하는 과정을 뜻합니다. 자연 세계도 그 가능성의 원리는 정신이기 때문에 결국 자연철학은 정신이 스스로 만들어낸 자신, 즉 자연을 통해 자신을 인식하는 작업입니다.

마지막으로 정신철학은 정신이 자신의 진정한 모습을 발견하게 되는 단계인데, 여기서 정신은, 인간 개개인의 정신, 집단의 정신, 그리고 마지막으로 예술, 종교, 철학에서 나타나는 자기 자신의 본성의 완전한 실현을 통해 스스로를 파악한다고 합니다.

이러한 철학의 구분은, 정신이 자신을 각각 주관적 정신, 객관적 정신 그리고 절대적 정신으로 파악하는 작업을 의미합니다. 그러나 논리학, 자연철학, 정신철학의 3단계는 얼핏 생각할 수 있는 것처럼 정신이 자신의 역사성을, 즉 운동과 변화를 드러내는 과정은 아닌 것처럼 여겨집니다. 그것은 정신 그 자체의 모습을, 즉 이데아로서의 정신의 모습을, 즉자태, 대자태, 즉자-대자태로서 기술해 주는 것이라 할 수 있습니다. 이런 의미에서 논리학에서의 정신도 정신철학에서의 정신과 마찬가지로 동일한 구조를 가진 이성입니다. 반면에 『정신현상학』에서 등장하는 정신의 자기 전개 과정에 관한 기술은, 감각적 지각으로부터 오성적 분별지를 거쳐 이성적 절대지에 이르는 과정을 설명하고 있으며, 정신의 자기 인식 과정을 역사성, 시간성의 관점에서 설명한 것입니다.

2. 이성, 역사, 역사철학

1) 헤겔 역사철학의 이성

헤겔의 역사철학은 정신의 자기 전개가 구체적인 역사 현실 속에서 드러나는 양상을 보여주는 작업입니다. 그런데 헤겔은 역사 현실의 진행 역시 이성의 자기 전개가 보여주는 법칙성을 따른다고 하므로, 그 이성 전개의 법칙을 보여주는 소위 '변증법적' 발전 논리가 역사 진행의 논리로 적용됩니다. 이성의 자기 전개가 이뤄지는 방식이 변증법이라는 것은, 이성에게 어떤 하나의 사유 규정으로서 개념이 주어지면(즉자태), 이것으로부터 반드시 새로운 입장이 그 반대 내지는 부정으로서 주어지게 되고(대자태), 다시 이 양자의 대립과 갈등으로부터 각자의 유한성이 지각되면서 제 3의 발전적 통일의 입장, 즉 즉자-대자태가 나타나게 된다는 것입니다. 그리고 이 입장은 다시 새로운 즉자태로서 새로운 발전의 출발점을 제공한다는 것입니다.

한편 그의 역사철학은, 정신이 그 최초의 단계로부터 전개되어 나오는 양상 내지 방식을 역사 현실을 통해 스스로 파악하는 것이므로, 결국 정신이 자기 자신을 인식하는 행위라고 할 수 있습니다. 그래서 헤겔은 "정신의 행위로서의 역사철학은, 세계사 속에서 자기 인식을 계속하는 정신을 인식한다"라고 합니다.

2) 칸트와의 비교

칸트의 경우 역사철학의 과제는 역사의 이념을 발견하고 제시하는 것이었습니다. 그리고 이때 이념은 이성의 산물이었고, 또 이성의 요청이라고도 할 수 있는 것이었습니다. 헤겔은 그러한 칸트의 역사 이념이, "현실을 벗어나서 (즉, 현실과 무관하게) 단지 소수의 사람들의 머리 속에서만 존재하는" 이상이나 당위 같은 것에 불과하다고 봅니다. 그래서 헤겔은 칸트의 이념을 무기력한 상상적 소산물 정도로 보고, 오히려 이성을 그 자체 하나의 실체이자 무한한 힘으로 보아, 그것이 역사의 내용까지 규정하는, 모든 역사적 현실의 생성 원리이자 추진력으로 봅니다. 세계사의 과정은 이러한 입장에 따르면, 세계사적인 이성, 즉 정신 스스로가 인간의 이성 내지 정신을 사용하여 (또는 매개로 하여) 자기 자신을 현현시켜 나아가는 과정입니다.

그러므로 헤겔의 역사철학은, 칸트에서와 같이 역사적으로 주어진 사실들에게는 생소한, 사변적으로 고안된 개념들(이념들)을 가지고, 그 주어지는 사실들을 새로 만들어 간다든지, 혹은 선험적 역사를 구성한다든지 하는 것이 아닙니다. 그의 역사철학은, 역사의 진행을 지배하고 규정하고 있는 이성이 논리학이나 철학적 사유 속에서 자기 자신을 표현하고 있는 (또 인식하고 있는) 이성과 똑같은 이성이고, 동일한 법칙에 따르는 이성이라는 전제하에서 성립하는 것입니다. 따라서 헤겔에 의하면 역사적 사건 가운데 비이성적인 사건이란 애당초 불가능한 것입니다. 또 아무리 이성적인 사건이라 할지라도 자기 모순적이고 한계적인 요소를 노출시켜 나아가는 변증법적 진행 과정의 한 구성 요소에 불과한 것입니다.

3) 헤겔과 인간의 역사

헤겔에 있어 인간의 역사는 한 마디로 정신의 자유의 실현 과정이며, 행위 내지 노동으로서의 역사입니다. 이제 이 말의 의미를 음미해 보기로 하겠습니다.

앞에서 언급했듯이 헤겔은 정신을, 자기 자신을 의식(인식)함으로써 자기 자신을 시간 속에서 지속적으로 생산해 나아가는, 소위 시간 속에서의 자기 규정적 활동이라고 말합니다. 고로 정신은 자기 자신의 산물이라는 점에서 자유이고, 그러한 자기 규정성을 방해하려는 모든 것들에 대한 끊임없는 부정을 통해 그 자유를 보장받습니다. 헤겔은 이처럼 정신의 본질을 자유라고 본다는 점에서 칸트와 크게 다르지 않아 보입니다. 어쨌든 세계사의 진행은, 이러한 정신 자신의 본성인 자유에 대한 정신 자신의 의식 과정과 또 그 자유 상태의 실현 과정을 의미합니다.

"정신의 본성은 그와 정면으로 반대되는 것에 의하여 식별될 수 있다. 이를테면 정신을 물질에 대립시켜 보자. 이렇게 되면 마치 중력이 물질의 실체이듯이 마찬가지로 자유는 정신의 실체라고 해야만 하겠다. 정신이 다른 많은 특성 가운데서도 특히 자유를 소유한다는 것은 누구에게나 납득이 간다. 그러나 철학이 우리에게 가르쳐주는 것은 정신이 지니는 모든 특성은 오직 자유를 통해서만 존속될 수 있고, 그것은 모두가 자유를 위한 수단에 불과하며, 오직 그 모두가 이 자유만을 추구하고 또 산출한다는 것이다."[1]

그러면 정신은 왜 이러한 자기 인식 과정을 밟는 것일까요? 헤겔에 따르면 정신(의식)은 사유 활동을 하는 어떤 것(주체)인데 그것은 자연 법칙에 의해 규정되거나 신으로부터 자신의 (객관적) 속성을 부여받은 어떤 것이 아니라, 자기 자신을 의식함으로써 스스로를 산출하는 활동입니다. 즉 정신은 자기 자신을 의식함으로써 어떤 고정된 정신적 실체로서의 자신에 대한 이해를 증가시키는 것이 아니라, 자기 의식의 증가를 통해 자기 생산적인 활동을 하는 무엇입니다. 마치 지금 이 순간의 나에 대한 나의 의식이, 그 의식 자체를 풍요롭게 하며 스스로를 만들어 나아가고, 그렇게 함으로써 나 자신을 성숙케 하는 것과 같습니다. 서양의 거의 대부분의 철학자들이 이성을 신뢰하는 까닭도 바로 여기에 있다고 할 수 있습니다. 이성은 늘 자기 자신을 의식함으로써 스스로 자신의 완성도를 높여 가는 유일한 능력이라고 보기 때문입니다.

어쨌든 이렇게 보면 헤겔의 역사철학은, 프랑스 혁명에서 명백하게 드러난 근대 시민의 열망, 즉 정치적 자유를 향한 그

---

1) 헤겔(임석진 옮김), 『역사 속의 이성』, 지식산업사, 1994, 84쪽 이하.

시대의 보편적 의지를 형이상학적으로 반영하고 있는 이론이라 할 수 있습니다. 칸트도 이 점에서는 비슷했지만, 그러한 의지와 실제 인간 행위의 역사 사이에 틈이 있을 수 있다는 것을 인정한다는 점에서 헤겔과는 다릅니다. 헤겔은 인간 개인의 정신이 자유를 실현하는 것, 더 나아가 한 사회나 국가의 정신이 자유를 실현하는 것이 곧 역사 속에 그대로 반영된다고 보기 때문입니다. 그래서 시민 혁명은 그러한 객관적 정신의 자유를 반영한 사건이라는 것이죠. 이런 점에서 그의 역사철학은 '혁명의 철학'이라 할 수 있습니다. 물론 하버마스(Jürgen Habermas) 같은 사람은 — 헤겔 전통에 가까이 있는 철학자이지만 — 헤겔에 있어서 역사 현실 자체가 그러한 정신의 자유 실현 과정을 그대로 반영한다는 점에서 오히려 '혁명 극복의 철학', 즉 혁명을 필요로 하지 않는 철학이라고 평가하지만 말입니다.

헤겔에 따르면 세계사의 진행 과정은, 그 세계에서 얼마나 많은 사람들이 자유를 인식(의식)하느냐, 즉 그 자유 의식의 발달 정도에 따라서 전개되며, 구체적인 역사가 이러한 의식 발달 과정에 따른 전개를 실제로 보여준다고 합니다. 예를 들어 동양에서 그리스와 로마를 거쳐 게르만의 세계에 이르는 진행 과정이 그러한 역사를 보여준다고 합니다.

"동양인은 정신이나 인간 그 자체가 즉자적으로 자유롭다는 것을 알지 못한다. 바로 이 사실을 모르는 까닭에 그들은 자유로운 존재가 아니다. 그들은 다만 한 사람[즉, 군주]이 자유롭다는 것을 알고 있을 뿐이므로 그러한 자유는 한낱 자의(恣意), 미개성, 또는 열정의 둔탁함이거나 아니면 그 자체가 단지 자연의 개연성(蓋然性)이거나 자의(恣意)에 지나지 않은 열정의 경박함 또는 흥겨움일 뿐이다. … 그리스인들에게서 비로소 자유의 의식이 대두되었던 까닭에 이런 이유에서 그들은 자유인이었다. 그러나 이들도 역시 로마인들과 마찬가지로 소수인(少數人)만이 자유로울 뿐, 인간 그 자체가 자유롭다는 데 대해서는 알지 못하였다. 플라톤이나 아리스토텔레스도 이것을 알지 못하였다. 그리하여 그리스인들은 노예를 소유하였고, 또한 그들의 삶과 미적(美的)인 자유의 존립도 이들 노예에 구속되었을 뿐 아니라, 노예의 자유도 역시 한편으로는 단지 우연적이고 미개한 상태에서 무상함에 내맡겨져 있는 꽃에 비길 수 있고, 또 다른 면으로는 인간적이며 인도적인 것이 혹독하게 예속되는 상태를 빚었던 것이다. － 게르만족에 이르러서야 비로소 인간은 인간으로서 자유로우며 또한, 정신의 자유야말로 바로 이 정신의 가장 독자적인 본성을 이룬다는 사실이 기독교를 통하여 의식되기에 이르렀다."[2]

"우리가 정신을 고찰하는 첫 번째 단계는 어린이의 정기(精氣)에 비길 수 있다. 거기서는 우리가 동양적 세계에서 볼 수 있는 이른바 정신과 자연의 통일이 지배한다. 이러한 자연적 정신은 여전히 자연에 머무른 채로 있는 자존적인 것이 아니므로 아직 자유롭지도 않고, 또한 자유의 과정을 거치지도 않은 그러한 정신이다. … 정신의 두 번째 관계·상태는 분리, 즉 정신의 자기 내적 반성의 상태로서, 이는 단순한 복종과 신뢰로부터의 탈피 작용이기도 하다. 이러한 관계는 두 상태로 분화된다. 첫

---

2) 『역사 속의 이성』, 95쪽 이하(보충 필자).

째는 정신의 청년 시대로서 이때 정신은 대자적인 자유를 소유하지만, 여전히 이것은 실체성과 결합되어 있다. 즉 자유는 아직도 정신의 심연으로부터 새로이 탄생하지 않은 것이다. 이것이 바로 그리스적 세계이다. 그 다음 관계는 개인 스스로의 대자적 목적을 지니면서도 이 목적이 오직 하나의 보편자, 즉 국가에 대한 봉사 속에서만 성취되는 정신적 성년기에 해당되는 상태이다. 이것이 로마인의 세계인데, 여기에는 개별자의 인격과 보편자에 대한 봉사 사이의 대립이 존재한다.

이제 네 번째로 게르만 시대, 즉 기독교적 세계가 따른다. 만약 여기서도 역시 정신을 개인과 비교할 수 있다면, 이 시기는 마땅히 노년기라고 불려야만 하겠다. 이 노년기의 특유한 점은, 그것이 한낱 회상과 과거 속에서 살아갈 뿐 현재를 살고 있지 않다는 것이다."3)

헤겔에 의하면 역사 속에서 자기 자신의 본성인 자유를 변증 논리에 따라 전개시켜 가는 것이 정신 자신인데, 이것은 역사가 물질적 자연의 생성 소멸 과정과 같은 것이 아니라, 정신 자신의 '행위'(Tat)이고 '노동'(Arbeit)이라는 것을 뜻합니다. 정신은 정체적인 존재가 아니고 끊임없이 활동함으로써 자신의 자유를 가능한 한 완벽하게 실현시키고자 하기 때문입니다. 이에 반하여 자연의 변화는 아무리 다종다양할지라도 반복에 불과하기 때문에 "태양 밑에서는 어떠한 새로운 것도 생겨날 수" 없고 그래서 그것의 역사는 '짜증과 권태'의 역사라고 합니다. 반면에 정신의 역사는 단순한 변화가 아니라 더 나은 것에

---

3) 『역사 속의 이성』, 217쪽 이하.

로의 변화, 즉 '완전성에로의 충동'(ein Trieb der Perfektivität)을 보여준다고 합니다. 그래서 인간의 정신은 자기 앞에 펼쳐진 역사적 상황(정[an sich])에 만족하지 않고 그것이 아닌 새 것(반[für sich])을 추구하며, 이 새 것을 이룩하기 위해 실제 세계 속에서 노력(노동, 행위, 투쟁)한다는 것입니다(합[an und für sich]). 그리고 이때 인간의 활동성(요구, 충동, 취향, 열정, 천재)은 세계사 속에서 세계사적 이성, 즉 절대 정신을 실현하기 위하여 애쓰는 인간 개개인의 노력을 뜻합니다.

4) 헤겔 역사철학의 특징

① 영웅주의적 사관과 이성의 간지(奸智) : 역사가 인간 개개인의 활동과 노력의 산물일지라도, 그것은 세계 정신의 자기 산출 내지 전개이므로, 세계사적 흐름을 좌우하는 개인들, 즉 역사적 인물들은 이성의 희생물에 불과합니다. 영웅들은 표면적으로는 자기 자신의 지위와 명예, 안전 등을 위해 싸운 것처럼 보이지만, 실은 세계사의 진전을 촉진하고자 하는 세계사의 목적, 즉 이성의 의도를 수행한 것에 불과합니다.

영웅들은 그들 자신의 목적 안에 역사의 궁극 목적에 관한 의식을 갖고 있지는 않았지만, **시대 정신의 실천자로서 동시대의 요구와 추세에 관한 통찰을 갖고 있던 사람들**이라는 것입니다. 개인적으로는 불행을 겪고 악전고투의 삶을 살았다 할지라도, 세계사의 정신은 이들의 불행과 악전고투로 연결된 생애를 이용하여 자신을 역사 속에서 현현시킨다는 겁니다. 그리고 이

목적이 이루어지면, 마치 씨를 맺은 후 풀이 말라죽듯이 그 영웅들을 처치해 버린다는 것이죠. 그래서 알렉산더, 시저, 나폴레옹 등의 명예심과 정복욕은, 세계 이성이 자신의 목적 실현을 위해 그 영웅들을 조종하는 충동질에 불과하다고 합니다. 헤겔은 이것을 '이성의 간지'라 부릅니다. 칸트가 역사의 이념의 궁극적 기초를 도덕 철학에서 찾았던 것과는 대조적으로 헤겔은, 세계사적 영웅들이 일반적인 도덕적 기준을 초월한다고 봅니다.

"자기의 크나큰 관심사에만 모든 심혈을 기울이는 이들 세계사적 개인[즉, 영웅]은, 그 이외의 절대적 가치가 있다고 여겨질 만한 관심사나 신성한 권리 등에 대해서는 이를 다만 경솔하고 안이하게, 그리고 한 순간의 충동에 따라서 분별 없이 다루어 나갔으니, 이러한 태도가 마침내 그들에 대한 도덕적 비난의 표적이 되었던 셈이다. 그러나 그들이 차지하는 역사적 위치만은 이것과는 판이한 의미가 있는 것으로 이해되어야만 한다. 다시 말해서 역사의 광장에서 활개를 펼친 위대한 인물들은 수없이 많은 청순한 꽃들을 짓밟거나, 자기들의 앞길에 거추장스럽게 널려 있다고 여겨지는 것이면 가차없이 이를 분쇄해 버릴 수밖에 없었다는 것이다."[4]

이 같은 헤겔의 생각은, 진정한 도덕적 단위가 개인이 아니며 '도덕적 유기체'인 국가라는 것, 또 그 국가의 요구가 개인의 요구에 우선해야만 한다는 것을 의미합니다. 다시 말해 보

---

4) 『역사 속의 이성』, 153쪽 이하(보충 필자).

편자가 특수자에 앞서서 고려되어야 한다는 것입니다. 그래서 그는 "국가란 원래 시민으로 인하여 존재하는 것이 아니며", 오히려 "국가는 목적이고 시민은 그것의 도구"라고 합니다. 또 "특수자는 서로가 투쟁을 일삼는 가운데 어느 한편은 몰락하게 마련이지만, 보편자는 오히려 이러한 투쟁과 특수자의 몰락을 통해서만 등장하기 마련"이라고 합니다.

자유의 실현을 향한 진보를 역사의 목적으로 보았던 철학자가 이렇게 개인보다는 국가를 우선시하는 반 자유주의적인 정치 견해를 가졌던 것은 패러독스라고 할 수 있습니다. 물론 헤겔의 자유 개념은 일반적인 그것과는 다르다고 할 수 있습니다. 역사의 목표로서 자유는 개인의 자유라기보다 전체로서의 공동체의 자유였던 것입니다.

② 역사철학의 역사 규정적 성격 : 헤겔은 위에서 본 바와 같이, 역사 이해 가능성을 담보로 현실적인 역사적 사건의 배후에 절대적이고 근원적인 실재인 정신(이성)을 상정합니다. 그런데 문제는 이 근원적 실재가 가지는 위상입니다. 헤겔은 역사의 구체적인 내용까지 자신의 논리적인 범주들로부터 연역하려는 시도를 하고 있고, 그 과정에서 역사적 사실을 억지로 그 틀에 맞추는 우(愚)를 범했습니다. 그래서 역사가 동양, 그리스, 로마를 거쳐 프로이센에 이르러 사실상 종결되는 과정이라 했던 것입니다. 그는 게르만의 기독교적 세계에서 신적인 정신이 마침내 완전한 자유를 실현한다고 했던 것입니다. 이는 그가 절대 정신을 가지고 역사적 현실의 자율성을 대체했다는 것을 뜻합니다.

③ 헤겔의 이성적 역사관은 어떤 의미에서는 반동적인 역사관이며, 또 기독교적인 역사관이라고도 할 수 있습니다. 역사는 인간의 행위와 노력, 노동의 결과임에도 불구하고 그 최종 인도자는 결국 절대 정신, 곧 기독교적 신과 다르지 않기 때문입니다. 그리고 이때 인간은 역사의 단순한 도구일 뿐이기 때문입니다.

> ⚡ 헤겔의 역사철학에 대한 후대의 비판에도 불구하고 어떤 식으로든 역사가 이성적인 전개 과정이라는 믿음에 기초하지 않는 진보적 역사관이 가능할까요?

제 10 장

마르크스와 엥겔스의 유물론적 역사관

1. 배 경

마르크스(Karl Marx, 1818-1883)나 엥겔스(Friedrich Engels, 1820-1895)는 역사학이야말로 '유일한 과학'이라고 할 정도로 역사 연구에 대해 커다란 관심을 보였습니다. 마르크스가 태어난 해는 헤겔의 철학이 독일 철학 최고의 자리에 있던 시기였다고 할 수 있습니다. 마르크스가 베를린 대학에 입학한 1836년까지만 해도 헤겔 철학에 관한 논쟁이 활발하게 유지되고 있었습니다. 따라서 그의 사상은 헤겔 철학의 영향을 강하게 받았다고 짐작할 수 있습니다.

헤겔 철학에 관한 논쟁은 기독교에 대한 해석 문제가 발단이 되었는데, 구(舊)헤겔주의, 중도파, 청년 헤겔파 등이 대립하고 있었습니다.

① 구헤겔주의(Althegelianer, konservativer Hegelianer) : 헤겔우파(die Rechte)라고도 하며, 헤겔이 종교, 예술, 철학을 같은 차원의 정신의 현시 방식으로 간주했던 점에 충실하고자 한 사람들입니다. 헤겔 철학은 종교를 부정한 것이 아니라는 것입니다. 대표자로 에르트만(Johann Eduard Erdmann)을 들 수 있습니다.

② 중도파(das Zentrum) : 이들은 철학과 종교의 상이성을 인정하고, 성경의 일부 내용만이 헤겔 철학과 모순되지 않는다고 보았습니다. 특히 이들은 칸트 철학의 부흥에도 기여하게 되는데, 로젠크란쯔(Karl Rosenkranz), 쩰러(Eduard Zeller) 등이 이 그룹에 속합니다.

③ 청년 헤겔파(Junghegelianer) : 헤겔좌파(die Linke)라고도 하며, 종교를 무시하고 유물론을 주장한 사람들입니다. 이들은 철학이 종교를 넘어서는 고도의 지위를 가진다고 보았으며, 정치적으로 급진적인 생각을 가지고 있었습니다. 헤겔이 사망한 직후의 유럽은 혁명의 시기로 불릴 만큼 극도의 정치적 혼란이 지배하던 시기입니다. 마르크스는 이들의 영향을 강하게 받았는데, 포이에르바흐(Ludwig Feuerbach), 바우어(Bruno Bauer), 슈티르너(Max Stirner), 루게(Arnold Ruge) 등이 그들입니다.

흔히 마르크스와 엥겔스의 사관을 '유물사관'으로 부르는데, 그렇다고 이 표현이, 이들의 사관이 단지 헤겔의 관념론적 역사관에 대립하고 있다는 것을 뜻하지는 않습니다. 오히려 이들의 유물사관은 헤겔적인 역사 이해를 완전히 전도시킴으로써 더욱 헤겔적임을 보여줍니다.

이들이 지적하고 있는 기존의 역사관, 특히 헤겔적 역사관의 문제점은, 역사의 현실적 기반을 무시하고 오히려 그러한 현실적 토대, 즉 물질적 질서로서의 자연과 그 자연의 일부인 인간의 관계를 상상이나 환상이 만들어낸 초현실적이고 정신적인 동기들로써 설명하려 했다는 것입니다. 다시 말해 머리속의 역사를 지어낸 것에 불과하고, 이것은 본래의 적절한 역사관을 뒤집어 놓은 꼴이라는 것입니다.

2. 마르크스와 엥겔스 역사철학의 기초

헤겔이 세계사의 과정과 모든 현실, 실재를 정신 내지 이성의 자기 산출로 파악했던 것에 대립하여, 이들은 오히려 정신이나 이념들 혹은 관념들(Ideen)이 실재, 즉 물질적인 현실 내지 조건의 반영물이라고 봅니다. 역사를 지배하는 것은 정신의 산물, 이념들이 아니라, 물질적 현실과 조건 속에서 물질적으로 생활하고 육체적으로 실존하는 인간이라는 것입니다. 이 같은 생각에서 마르크스와 엥겔스는 '현실적 토대'(irdische Basis od. wirkliche Grundlage)가 모든 인간적 역사 고찰의 출발점이어야 한다고 합니다.

한편 마르크스와 엥겔스는 역사의 전제들에 대해서도 말합니다. 이때 전제들이란 역사가 성립하기 위한 조건들이자 동시에 역사를 제대로 인식하기 위한 조건들일 수도 있는데 그것들은 다음과 같습니다.

① 실존적 전제 : 물질적으로 생활할 수 있는 인간이 존재하고 그 물질적인 여러 욕구를 충족시킬 수 있는 수단이 있어야 한다.

② 새로운 욕구의 산출 : 일차적인 삶의 욕구 충족 뒤에 나타나는 욕구로서 이러한 이차적 욕구의 산출이 최초의 역사적 행위이다. 예를 들면 인간은 음식을 저장하거나 의복을 개선하는 등의 행위를 하는데, 이것은 바로 역사가 단순한 동물이 아닌 인간에게만 가능함을 뜻한다.

③ 사회 관계의 성립 : 사회 관계의 최초 형태는 종족 번식과 보존을 위해 자식을 생산함으로써 성립하는 가족이다. 가족은 새로운 욕구의 출현이 계속됨으로써 더 복잡한 사회 관계 및 공동체로 발전된다.

④ 이중적 생산 관계의 성립 : 이것은 자기 자신의 일차적 욕구 충족을 위한 것으로서 자연적인 생산 관계와 사회 관계 속에서 그 사회의 일원으로서 인간이 수행하게 되는 사회적 생산 관계를 말한다. 마르크스와 엥겔스는 이때 특정한 **생산양식**1)과 사회적 단계(공동체의 여러 단계와 종류)의 관계를 주목한다.

146

이렇게 마르크스와 엥겔스는, 물질적이고 현실적인 삶에의 욕구를 지닌 인간과 그 욕구의 충족 활동 그리고 그 인간들이 새롭게 만들어내는 또 다른 욕구와 그 욕구 충족 활동 내지 그 수단, 사회관계의 성립과 발달 등을 역사의 기초를 이루는 요소들로 간주합니다. 이렇게 보면 인간의 역사는 그 인간의 물질적 본성에 관한 역사인 셈입니다. 이들은 여기에 그치지 않고 인간의 정신이나 의식 그리고 그 정신의 동반자인 언어가 인간의 현실적이고 실천적인 욕구에서 발생한 것이라고 합니다. 그래서 마르크스와 엥겔스의 역사는, 의식, 종교, 철학, 도덕 등 모든 정신의 이론적 활동 내지 그 산물들이 물질적인 욕구와 그것의 충족을 위한 생산활동, 생산양식의 변천 과정 그리고 그것과 관련해서 나타나는 개인들과 사회집단들 및 국가들 사이의 물질적, 정신적 거래(Verkehr)로부터 어떻게 생겨나왔는가를 설명하는 작업이기도 합니다. 이렇게 인간의 모든 정신적이고 물질적인 활동, 이론적이고 실천적인 활동 등을 모조리 설명해 주는 것이 역사이므로, 역사는 '유일한 과학'(eine einzige Wissenschaft)이 됩니다.

---

1) 생산양식(Produktionsweise)은 생산력(Produktionskräfte)과 생산관계(Produktionsverhältnisse)를 뜻합니다. 생산력은 인간의 노동과 노동수단, 기술, 생산조직체 등을 뜻하며, 생산관계는 물질적 재화의 생산과 그 분배 과정에서 인간이 자신의 의지와 무관하게 맺게 되는 물질적 사회 관계, 즉 가진 자와 못 가진 자의 관계를 의미합니다. 나중에 보게 되겠지만 마르크스와 엥겔스는 프롤레타리아트 혁명 이전의 세계사의 과정을 생산양식의 변화 단계에 따라서 구분합니다.

3. 역사의 진행

그러면 마르크스와 엥겔스는 인간 역사의 구체적인 진행 과정을 어떻게 설명할까요? 이미 앞에서 언급한 것처럼 이들은 인간의 물질적 욕구의 증가와 그것의 충족을 위한 새로운 생산관계와 생산력의 등장에 주목합니다. 이때 특히 분업(노동의 분배)은 사적 소유와 불평등한 분배를 낳으며, 개인 내지 특수 집단의 이익이나 관심과 공동의 이익이나 관심 사이의 대립을 야기한다고 봅니다. 다시 말해 생산력의 발달과 그것에 관계된 사람들과 사람들 사이의 교류의 지속적인 과정은 물질적 생산 수단을 통제하는 지배계급과 피지배계급의 대립, 즉 생산관계 내의 대립을 동반한다는 것입니다.

생산력은 최초에는 현존하는 생산관계 내에서 발전해 가지만 결국은 그것과 마찰을 일으키게 되고, — 즉 생산관계가 생산력을 방해하게 되고— 생산력과 생산관계의 대립이 계급투쟁을 야기하게 되어 낡은 생산관계를 제거시키게 된다는 것입니다. 처음에는 생산력이 특정한 생산관계를 성립시키지만 결국에 가서는 그것을 파괴한다는 것이지요. 아무튼 마르크스와 엥겔스는 지배계급과 피지배계급의 대립이 보편적인 현상이 될 때, 마침내 피지배층, 즉 무산대중에 의해 계급 없는 자유로운 공산사회를 향한 변증법적 진보가 일어난다고 합니다. 그 시기에 이르기까지의 생산양식의 변화 단계에 따른 세계사의 과정은 다음과 같습니다.

① 원시 공산제 : 가족 내의 자연 발생적 분업과 부족 단위의 공동 소유가 유지되는 시기.

② 고대 노예제 : 계약이나 정복으로 부족들이 통합되어 나타나는 시기. 노예제가 생산력의 기초가 되며 분업이 가속화됨으로써 시민과 노예의 계급사회가 성립되며, 국가 공동 소유체제가 기본이되 점차 부동산의 사적 소유가 등장하는 시기.

③ 중세 봉건제 : 귀족에 예속된 소농민(농노)들이 생산력의 기초를 이루는 농업 중심 사회. 한편에는 거대 토지와 농노의 소유자인 귀족과 승려가 있고, 다른 한편에는 무산자인 농노가 대립하고 있는 시기. 도시에서는 동업 수공업자들의 연합조직인 조합(Zunft)과 거기에 예속된 예속 노동자들, ― 이들 중 상당수는 도망 농노들인데 ― 즉 장인 내지 직인과 도제의 대립이 있던 시기.

④ 근대 자본제 : 도시의 분업 가속화와 해상무역 및 식민정책 등으로 자본의 축적이 이루어지고 대규모 제조업이 등장하는 시기. 자본가, 즉 부르주아지에 의해 완전한 사적 소유가 등장하고, 국가의 존재마저도 이들의 상업적 신용에 의존하게 되며, 대자본가와 도시 노동자들 사이에 화폐 관계가 성립한다. 잉여가치의 생산에 의해 점점 더 소수 자본가에 의한 자본축적이 일어나고, 노동자는 자신의 노동을 내어다 팜으로써(화폐와 교환) 익명의 일꾼으로 전락하고 생산수단(자본가 소유) 및 자신의 노동산물로부터 완전히 소외되는데, 이러한 모순이 극단화되면 노동자들은 생산수단의 사회화와 노동의 집단화, 생산관계 내의 계급 소멸 등을 위해 혁명을 일으키게 된다.

4. 몇 가지 비판적 고찰들

마르크스와 엥겔스는 헤겔의 역사관으로부터 사변적이고 형이상학적이며 신학적인 요소를 제거하고 '현실적 역사'(wirkliche Geschichte)를 파악하고자 하였으나, 실제로는 헤겔 관념론의 논리구조를 유물론화하였을 뿐 그 구조 자체에는 변화가 없는 것처럼 보입니다. 다시 말해 헤겔의 '정신' 대신 '물질'을 대입한 것에 불과하다는 것입니다. 그런데 문제는, 헤겔의 경우, 정신의 자기 전개 과정이 변증법적으로 진행한다는 것은 그 정신 내지 이성의 본성에 의해 통찰 가능한 필연적 진리였음에 반해, 마르크스와 엥겔스의 경우는 이 변증법적 발전 내지 진행의 법칙이 가지는 위상이 애매한 채로 남아 있는 것처럼 보인다는 사실입니다. 즉 물질적-경제적 구조에 따른 역사의 발전 과정이 필연적인 물질-자연의 법칙인지, 아니면 역사 속에서 어느 정도 자유를 보장받는 행위 주체들의 투쟁에 의한 것인지가 불분명하다고 할 수 있습니다. 아마도 그들이 제시할 수 있는 유일한 대답은, "사물들 자체가 변증법적으로 연관되어 있고 그렇게 발전한다는 사실을 우리가 경험적으로 알 수 있다"는 것, 즉 경험적 진리라는 것일 것입니다.

이 문제는 1960년대 네오-마르크시스트들 간의 마르크시즘 위기의 극복을 둘러싼 논쟁과도 긴밀한 관계를 갖습니다. 사르트르(Jean-Paul Sartre, 1905-1980) 같은 철학자는 자유로운 행위자들의 결단과 투쟁을 강조함으로써 마르크시즘에 대한 인본주의적 해석을 시도한 반면, 알튀세르(Luis Althusser, 1918-

1990) 같은 사상가는 구조주의적 입장을 빌어서 마르크시즘의 과학성을 회복시키고자 역사 과정 자체가 가지는 구조적 법칙성을 주목하였습니다. 그러나 그는 역사 진행 과정이 경제적 하부 구조 대(對) 정치, 학문 등의 두 상부 구조의 대립이 아니라, 다양한 여러 사회 구조들(중층구조들) 간의 대립으로 설명되어야 한다고 보았습니다. 즉 다양한 생산관계들은 여전히 기초적인 구조이고 이것을 기반으로 여러 가지 사회 구조들(예컨대 학문, 정치, 예술, 종교, 스포츠, 연예 등)이 개인들의 자유를 결정하며, 그 구조들에 내재하는 모순의 지배를 받는 개인들의 행위가 역사의 동인이 된다는 것입니다. 그는 이러한 입장에서 '역사의 주체'를 부정하는 대신 '역사 속의 주체'를 인정합니다.

상-하 구조의 대결 구도를 부정함에 있어서는 대부분의 포스트-마르크시스트들이 공통점을 보이고 있습니다. 예를 들면 프랑크푸르트 학파의 경우 특히 하버마스는 물질적-경제적 하부 구조 이론이 더 이상 설득력을 갖지 못한다고 보며, 이는 그 하부 구조 자신이 상부 구조(학문이나 정치)에 의존하기 때문이라고 합니다. 그는 더 나아가 프롤레타리아트는 참된 지식을 보유할 수 없기에, 다시 말해 무식하기 때문에 혁명의 주체가 될 수 없다고도 합니다. 그래서 그는 소위 '의사소통적 이성' 이론에서 혁명적인 사회 변화의 문제는 의식(지식, 교양)을 지닌 인텔리의 몫으로 간주합니다. 또 다른 프랑크푸르트 학파의 한 사람인 마르쿠제(Herbert Marcuse)는 대학생을 그 주체로 보기도 했습니다. 전체적으로 프랑크푸르트 학파는 사르트르 쪽에 가깝다고 할 수 있습니다. 즉 인본주의적 해석을 긍정적으로 보고 있다고 할 수 있습니다.

다음으로는 헤겔에 대한 비판과 동일한 비판도 가능한 것처럼 보입니다. 다시 말해, 역사의 주체 내지 창조자가 인간이라고 할지라도 그 인간은 완전한 계급 의식과 투쟁 의식으로 계급 전체의 의지에 따라 전체적 계획에 의거해 역사를 만들어 가는 것이라고 할 수 있습니다. 그래서 마르크스와 엥겔스가 강조하는 바 역사가가 고취시켜야 하는 것으로 보는 '프롤레타리아트의 역사적 소명'인 세계의 해방 실현은 그 자체로 개개인의 자유를 침해할 수밖에 없다고 보여집니다.

형이상학으로서의 유물론이 가지는 일반적인 난점도 지적될 수 있을 것입니다. 마르크스와 엥겔스의 유물론적 사관도 결국은 그 형이상학적 유물론과 불가분의 관계를 가질 수밖에 없기 때문입니다. 그래서 마르크스와 엥겔스의 유물 사관 이론 전체는 결과적으로 마르크스와 엥겔스라는 자유로운 지성의 소유자들이 만들어낸 이론이나 주장이라기보다, 물질 세계 자신이 자신의 어떠한 진행 과정을 스스로 기술한 것에 불과하다는 것입니다.

좀더 고차원적인 문제로서 마르크스의 포이에르바흐에 관한 11번 테제("철학자들은 세계를 상이한 방식으로 해석하여 왔다. 그러나 중요한 것은 그것을 변화시키는 일이다.")도 짚고 넘어가지 않을 수 없습니다. 이 테제가 말하는 것은 무엇입니까? 아마도 현실 세계의 변혁을 그 현실 세계의 논리만으로 수행하자는 것 아닐까요? 그러나 현실의 논리로 정당화되지 않는 현실은 없으며, 그 자체로 아무리 탁월한 것일지라도 현실의 논리로는 그 현실의 진정한 문제를 지적할 수 없다고 할 수 있습니다. 다시 말해 진정한 개혁 내지 변혁은 현실을 초월하는 논리에 의해서만 가능하다는 것입니다. 그래서 세계에 대한 철학자들의 다양한 해석이 필요한 것이지요. 철학은 현실 세계의 문제를 어떤 의미에서는 초현실적인 관점에서 계속 지적해 주어야 하는 의무를 가집니다. 이것은 마치 바람직한 인간성에 대하여 말하면서 오직 인간적인 관점에서만 말하는 경우가 범하는 치명적인 결함과 유사합니다. 인간 치고 인간적이지 않은 인간이 어디 있을까요? 테레사 수녀나 달라이라마도 인간이지만 지존파나 막가파의 두목도 인간입니다. 그러므로 그들은 모두 인간적입니다. 역설적인 말같이 들릴지 모르지만, 진정으로 인간적이기 위해서는 인간을 초월할 수 있도록 노력해야 한다는 것이죠.

> ⚡ 위와 같은 관점을 고려할 경우, 마르크시즘을 휴머니즘과 연관시키려는 일반적인 시도를 어떻게 평가할 수 있을까요?

제 11 장
니체와 역사의 유용성

1. 배 경

헤겔로부터 고조되기 시작한 역사에 대한 관심이 마르크스와 엥겔스에 이르러 그 정점에 이르렀다면, 이들과 거의 동시대인이었던 니체(Fridriech Nietzsche, 1844-1900)에게서는 그 반대 현상이 발견됩니다. 헤겔은 정신의 관점에서, 마르크스와 엥겔스는 물질의 관점에서 각각, 역사란 우연적인 사실의 나열이 아니라 변증법이라는 필연적 법칙에 따라 움직인다고 설명했습니다. 그러나 1850-70년대의 유럽의 상황은 민족주의의 소용돌이 속에서 3년에 한 번 꼴로 전쟁을 치를 정도로 — 그 결과 이탈리아와 독일 등이 통일 제국을 이루었습니다 — 매우 큰 혼란을 겪습니다. 니체의 역사에 대한 회의적인 태도는 그러한 시대상을 반영한 것처럼 보입니다. 니체보다 조금 나중에 활동했지만 레싱(Theodor Lessing, 1872-1933) 같은 사람도 그러한 시각에 동참한 사람입니다. 그는 「무의미한 것에 의미를 부여하는 것으로서의 역사」(1919)라는 글에서 역사란 "영원히 막이 내리지 않는 신화 꾸미기"이며, 무의미한 현실로부터 의미 있는 신화를 꾸며댐으로써 위안을 얻으려는 삶의 시도라고 했습니다.

니체는 헤겔 이후의 시대를 '역사주의'의 시대라고 규정하면서 과도한 역사의식(historischer Sinn)을 비판합니다. 그러면서 그는 "역사적 열병"(historische Fiber od. Krankheit), "[사람들을] 마비시키고 폭력을 행사하는 역사화"(das betäubende und gewaltsame Historisieren), "인식의 과잉과 사치로서의 역사" (Historie als kostbarer Erkenntnisüberfluß und Luxus) 등의 표현을 동원하고 있습니다. 한 마디로 말해 역사는 삶을 위한 것이라기보다는 오히려 그 삶에 치명적으로 해로운 것일 수 있다는 것이죠. 예컨대 그는 "철저하게 역사적으로만 감각하려는 사람은 잠을 못 이루도록 강제 당하는 사람 혹은 되새김질에 의해서만, 더 나아가서 이 되새김질의 끝임없는 반복에 의해서만 삶을 이어가야 하는 동물을 닮았을 것이다"라고 말합니다. '구토', '무감동', '감각 상실' 등도 그가 이 같은 맥락에서 자주 사용하고 있는 표현입니다.

2. 역사는 무엇이어서는 안 되는가?

니체는 『반시대적 고찰』(*Unzeitgemäße Betrachtungen*, 1873)의 2부 「역사의 삶에 대한 유용성과 해악에 관하여」(Vom Nutzen und Nachteil der Historie für das Leben)[1])에서 역사학자들의 작업을 비판하면서 어떤 의미에서의 역사가 필요한지를 적고 있습니다.

① 객관적 사실 인식으로서의 역사 : 역사가가 추구하는 객관성이란 "어떤 하나의 사건을 그 동기와 결말 모두에 걸쳐서, 그것이 인식 주관에 전혀 작용을 미치지 않을 정도로 순수하게 직관하는 역사가의 상태"로 이해할 수 있는데, 이는 '졸렬한 신화'(schlechte Mythologie)에 불과하다는 것이 니체의 생각입니다.

각 개인들은 자신들만의 필연성에 따라 행동하기에, 그 행동들은 "서로 평행하거나, 곡선을 이루고 교차하면서, 서로가 서로를 촉진하거나 방해하고, 앞서거니 뒤서거니 한다." 따라서 객관적으로 보면 역사적 사실들이란 애매하고 이해될 수 없으며 기껏해야 거대한 "집단적 본능 내지 충동"(Masseninstinkte und -triebe)과 그것들 간의 생존을 위한 투쟁만이 발견될 뿐이라고 합니다. 간단히 말해 역사가의 주관적 개입이

---

1) 프리드리히 니체(임수길 옮김), 『반시대적 고찰』, 청하, 1982. 이하에 인용한 부분들에는 필자가 부분적으로 보충하거나 의역한 곳이 있음을 밝혀둔다.

없는 역사적 사실 자체에서는 맹목적인 우연의 지배와 무법칙
적인 자유만 확인된다는 것입니다.

실증주의적인 역사가들은, 중성적인 역사 사실들이 있다고
가정하고 그것들 중 아무거나 되는 대로 선택하여 자신들의
주관과는 무관하게 가치중립적인 방식으로 분석하고 연구하고
자 하는데, 니체는 그러한 역사가들을 '환관'(Eunuchen) 또는
'성불구자'(impotentia)에 비유합니다. 그들은 아무리 위대하고
놀라운 인간의 업적이나 기념비적인 작품, 행동이라 할지라도
그저 난도질되어 분석되고 비교되고 이러저러한 문제점을 지
적받아야 하는 대상으로밖에 보지 않는다는 거죠.

> "유치하고 건방진 애송이들이 로마를 마치 자기 친구인 것처
> 럼 다루는 것을 우리는 본다. 그들은 또 그리스 시인의 유물 속
> 에서, 마치 이들의 유고집이 그들의 해부를 위해서 준비된 것이
> 고 값싼 물건인 것처럼 뒤지고 파헤치는데, 값싼 물건은 실은
> 그들 자신의 문학적인 문집인 것이다. … 그러나 이미 말했듯이,
> 그들은 환관의 일족이다. 환관에게는 이 여자나 저 여자나 모두
> 한 사람의 여자에 불과하고, 여성 자체이고, 영원히 가까이하기
> 어려운 것이다. 이와 같이 역사 자체가 아름답게 '객관적으로',
> 즉 스스로 역사를 만들 수 없는 자들에 의하여 보존되기만 하면,
> 그대들이 무엇을 추구하든지 상관없다는 것이다. … 아무리 놀
> 라운 일이 일어나더라도 역사적 중성의 무리는 언제나 즉석에서
> 작자를 멀리서 개관할 준비가 이미 끝난 상태다."[2]

---

2) 『반시대적 고찰』, 142쪽 이하.

여기서 니체가 생각하는 역사의 딜레마가 드러납니다. 한편으로 역사는 주관의 개입을 필연적으로 요구하지만, — 주관적 관점을 포기한 역사가는 거세된 남성처럼 위대하고 매력(!) 넘치는 역사적 사건을 제대로 평가할 줄 모르기 때문에 — 다른 한편으로는 바로 그 이유로 역사가들의 작업은 '드라마 작가'들의 그것과 다르지 않으며, 역사적 진실 또한 드라마적 허구에 불과한 셈이 됩니다. 그가 "실소를 자아내는 역사적 객관성"(historische Objektivität der Lächerlichkeit) 운운하는 것은 바로 이러한 입장을 잘 드러내 줍니다.

② 역사의 법칙성 : 니체에 의하면 다른 모든 학문들에서는 보편적인 것, 즉 법칙적인 것을 발견하는 것이 가장 중요한 일이지만, 역사의 경우는 사정이 전혀 다르다고 합니다. 만일 역사가가 역사에서 법칙을 발견할 수 있다면, 그 법칙은 그 자체로도 무가치할 뿐 아니라, 역사 자체까지도 무가치한 것으로 만든다는 것이 그의 생각입니다. 어째서 그렇다는 걸까요? 역사에 법칙이 있다면 역사적 사건들은 늘 동일한 조건, 동일한 사태로서 반복될 뿐, 역사 속에서 새로운 창조가 일어날 가능성은 없어지는 셈이기에 그렇다는 것이지요.

헤겔의 경우를 떠올려 봅시다. 그는 역사 진행의 법칙성을 무엇으로 설명했습니까? 역사의 법칙은 이성 내지 정신의 자기 전개가 보여주는 법칙이라고 했습니다. 이때 그 이성의 법칙이란 무엇이냐 하고 물으면 무엇이라고 대답합니까? 그 대답은, "역사 속에서 사태들의 변화가 보여주고 있는 규칙성이 그것이다"이겠지요. 이것은 일종의 '동어반복'적인 주장으로

158

보아야 하지 않느냐 하는 것이 니체의 견해로 보입니다. 사실 헤겔처럼 역사 속에서 이성적 법칙을 발견하려는 자는, 이미 어떤 사실이 성립하고 나서 추후적으로, 또한 냉소적으로 승자의 성공을 정당화할 수 있을 뿐이라고 생각할 수 있습니다.

니체에 의하면 또한 그러한 법칙은 법칙으로서의 의미를 상실하는 것이기도 합니다. 모든 역사적 사실을 지배하는 법칙이란, 결국 역사에서 새로운 사실의 발생 가능성을 배제하는 것이고, 그 결과 역사적 작업은 더 이상 존재해야 할 이유를 상실할 것이기 때문입니다. 역사의 법칙성을 발견하려는 역사가의 작업은 스스로 자신의 작업의 존재 이유를 부정하려는 시도와 같다는 것이지요. 오히려 역사에서 목적이나 법칙을 찾으려는 자는 기껏해야 맹목적 우연의 힘이나, 권력에의 의지, 삶에의 의지만을 발견하게 된다는 것이 니체의 생각입니다. 그는 특히 삶에의 의지야말로 모든 역사의 '근원적 사실'(das Ur-Faktum)로서 이것만이 주목될 수밖에 없고 또 주목되어야 한다고 합니다.

③ 역사의 의미와 목적 : 니체는 역사의 의미나 목적을 미래에 두는 모든 진보적 발전 사관을, 솔직하지 못하고 또한 자기 자신을 극복하지도 못한 인간의 고안물에 불과하다고 봅니다. 그러한 역사는 "가면을 쓴 신학"(verkappte Theologie)이며 "중세의 찌꺼기"라고도 합니다. 그러한 역사는 죽음의 심연을 직시하지 못하고 자신의 허무(虛無)화를 두려워하며, 허무 자체를 수용하고 사랑하지 못하는 나약한 인간의 태도를 반영한다고 보기 때문이지요. 마치 "죽음을 기억하라"(Memento

mori!)라는 경구가 무기력한 인간의 절망 상태를 잘 표현하고
있듯이 말입니다.

3. 역사는 무엇이어야 하는가?

위에서 살펴본 니체의 역사 비판은, 주로 헤겔 이후의 무분
별한 역사의식의 과잉, 본말이 전도된 교양적 역사, 학문 자체
만을 위한 실증적 역사 연구 등을 대상으로 한다고 할 수 있
습니다. 니체는, 역사가 삶에 봉사하고 진정으로 창조적인 문
화에 봉사할 때 바람직한 것이 될 수 있다고 봅니다. 그런데
이러한 역사는 역설적이게도 어느 정도는 비역사적인 또는 반
역사적인 감각을 필요로 한다고 합니다. 그는 그러한 능력을
인간의 근원적인 능력으로서 기존의 가치 평가로부터 완전히
자유로운 상태이자 모든 행위의 모태로 간주합니다.

> "그러므로 무언가 올바른 것, 건강한 것, 위대한 것, 무언가 참
> 으로 인간적인 것이 … 최초로 그 위에서 성장할 수 있는 토대
> 는 어느 정도 비역사적으로 감각할 수 있는 능력 속에 있는데,
> 그러한 한 우리는 이 능력을 다른 무엇보다 중요하고 근원적인
> 능력으로 보아야 할 것이다. 비역사적인 것은 사물을 둘러싼 분
> 위기와 비슷한데, 이 분위기 속에서만 삶은 스스로를 낳으며, 따
> 라서 만일 그것이 부정되면, 동시에 삶도 다시금 소멸된다. 인간
> 이 사색하고, 숙고하고, 비교하고, 분리하고, 결합하고, 저 비역
> 사적 요소를 제한함으로써 비로소, 저 두텁게 휩싸여 있는 안개

160

구름 속에서 한 줄기 밝은 섬광이 발생함으로써 비로소 ― 따라서 지나간 것을 삶을 위하여 사용하고, 또 일어난 사건을 기초로 역사를 만드는 힘에 의하여 비로소 ― 인간은 인간이 된다. 이것은 진실이다. 그러나 역사가 과잉이 되면, 인간은 다시금 인간임을 멈춘다. 인간은 비역사적인 것의 저 외피가 없이는 결코 [무엇인가를] 시작할 수 없었을 것이고, 또 지금도 감히 착수할 수 없을 것이다. 인간이 먼저 저 비역사적인 것의 운무층에 들어가지 않고도 할 수 있는 행동이 어디에서 발견될 것인가? … 이러한 상태 ― 철저하게 비역사적이고 반역사적인 ― 는 어떠한 부당한 행위의 모태일 뿐 아니라 오히려 모든 정당한 행위의 모태이기도 하다. 그리고 그러한 비역사적 상태에서 미리 [무엇인가를] 갈망하고 추구하지 않으면, 어떤 예술가도 그의 그림에, 어떤 장군도 그의 승리에, 어떤 민족도 그의 자유에 도달할 수 없을 것이다. 괴테의 표현에 의하면 행위자는 항상 몰양심적인데, 그와 마찬가지로 행위자는 또한 언제나 몰지식적이다. 그는 하나의 일을 하기 위해서 대부분의 일을 잊고 그것의 배후에 있는 것을 부정하며, 하나의 정당성, 즉 지금 생성해야 하는 것의 정당성만을 안다. … 모든 위대한 역사적 사건이 그 속에서 발생한 이 비역사적 분위기를 많은 사례를 통하여 냄새 맡고 흡수할 수 있는 사람이 있다면, 그는 아마 인식하는 자로서는 초역사적 입장으로 고양될 수 있을 것이다."3)

> (쓰) 니체가 "비역사적인 감각"으로 주장한 것이 과연 역사에 대한 무관심이었을까요?

---

3) 『반시대적 고찰』, 113-115쪽(보충 필자).

니체가 말하는, 삶에 봉사하는 역사의 세 형태는 '기념비적 역사', '골동품적 역사', '비판적 역사'로 분류됩니다.

① 기념비적 역사(monumentalische Historie) : 활동하고 노력하는 자, 위대한 싸움을 수행하는 위인 — 니체에 의하면 위인은 그 자신의 시대 정신에 따르는 자가 아니라, 그것과 투쟁하는 자입니다 — 에게 필요한 역사로서, 그러한 사람이 체념에 빠지는 것을 피하는 수단으로 사용하는 역사입니다.

"역사는 무엇보다도 먼저 활동하는 자, 힘있는 자에게 필요하다. 역사는 위대한 투쟁을 수행함에 있어서 모범자와 교사와 위안자를 필요로 하되, 그러한 것을 그의 동료 속에서나 현대에서 발견할 수 없는 자에게 속한다. 그렇기 때문에 역사는 쉴러(Friedrich Schiller) 같은 사람에게 속한다. 왜냐하면 괴테도 말했던 것처럼, 우리의 시대는 실로 추한 시대이기 때문에, 이 시인은 그를 둘러싼 인간 생활 속에서 더 이상 유용한 피조물을 발견하지 못했기 때문이다. 또 폴리비오스는, 활동적인 자를 염두에 두면서, 정치사가 국가 통치의 정당한 준비이며, 타인의 재난을 상기시킴으로써 운명의 변전을 꿋꿋하게 견디도록 우리에게 경고하는 가장 뛰어난 교사라고 부르고 있다. 이 점에서 역사의 의미를 인식하는 것을 배운 사람은, 호기심이 강한 여행자나 옹졸한 연구자가 위대한 과거를 가진 피라미드 위를 기어오르고 있는 것을 보면 불쾌해지지 않을 수 없다. 자기가 모방과 개선을 위한 자극을 발견해야 할 장소에서 기분전환이나 감흥을 구하며 화랑에 전시된 그림 사이를 거니는 것처럼 배회하는 게 으름뱅이와 만나는 것을 그는 원치 않는 것이다."4)

니체는 이러한 관점의 역사는 위대한 영웅들과 천재들의 봉우리를 연결짓는 역사로서, 역사를 바라보는 자가 스스로 그들의 기념비적 발자취에서 단순한 반복 가능성 이상을 배울 수 있어야 한다는 점을 강조합니다. 역사를 초극할 수 있어야 한다는 것이죠.

그렇지만 니체는 이러한 역사가 지닌 위험을 경고하기도 잊지 않습니다. 과거를 모방하고 극복할 만한 것으로 보이게 하기 위해 그것을 아주 아름답고 멋있는 것으로 왜곡하고 과장하여, 역사를 배우는 자로 하여금 무모함과 광신에 빠지게 할 수 있다고 합니다. 니체는 기념비적 역사가 어느 정도는 자유분방한 창작으로 흐르는 것이 불가피하다고 보는 것 같습니다. 뿐만 아니라 기념비적 역사가 비활동적인 사람이나 무기력한 자의 수중에 들어가면, 그 사람은 어떠한 종류의 새롭고 위대한 시도도 용납하지 않게 된다고 합니다. 위대한 것은 이미 과거로서 현존하기 때문에 자신과 동시대의 위대하고 힘있는 자들을 증오의 대상으로 삼고, 결과적으로 "죽은 자로 하여금 산 자를 제사지내는" 것과 같은 우를 범할 수 있다는 것이지요.

② 골동품적 역사(antiquarische Historie) : 개인이나 민족의 뿌리와 근원이 가지는 소중함과 고유의 가치를 보여줌으로써 자신들의 삶에 대한 자부심과 행복감, 만족감을 맛보게 해주는 역사를 말합니다. 이러한 역사는, 한 인간이나 민족의 현재 삶의 상태가 아무리 비참하고 조잡할지라도, 그들의 뿌리가 우연

---

4) 『반시대적 고찰』, 119쪽.

적이거나 자의적인 것이 아니라, 독자적이고 고상한 가치를 지닌 것이라는 점을 강조하여 단순하고 감동적인 만족과 희열을 느끼게 해줌으로써 그들의 삶에 기여한다고 합니다.

그러나 니체는, 이러한 역사가 맹목적인 복고주의나 호고(好古)주의에 흐를 수 있으며, 과거 자체에 대한 집착이, 사람들을 현재적 삶의 보존에만 만족하게 하고 비생산적으로 만들수 있다는 점을 지적합니다.

"골동품적 역사는 정말 삶을 보존할 줄만 알 뿐 생산할 줄은 모른다. 그러므로 언제나 그것은 생성하는 것을 과소평가한다. 왜냐하면 그것은 기념비적 역사와 달리 생성하는 것에 대해서는 추측하는 본성을 가지고 있지 않기 때문이다. 이와 같이 그것은 새로운 것에 대한 강력한 결단을 저해하고 행위자를 마비시키지만, 그러나 행위자는 오히려 행위자로서 항상 경건심에 약간의 상처를 입히는 법이며 또 그렇게 하지 않을 수 없는 것이다. 어떤 것이 오래되었다는 사실은, 즉시 그것이 불멸이어야 한다는 요구를 낳는다. 왜냐하면 이러한 고풍스러운 것들 모두 — 선조들의 옛 관습, 종교적 신앙, 세습적인 정치적 특권 — 를 그것들이 존재해 왔던 기간 동안 경험했던 것, 개인과 세대로부터 받아온 경건과 존경의 총량을 통해 평가해 보면, 그러한 고풍스러운 것을 새로운 것으로 바꿔 놓고, 경건과 존경의 숫자더미에다가 생성 중에 있는 것, 현대의 것의 한 자리 수를 대비시키는 것은 불손하거나 무도하기까지 하다고 생각되기 때문이다."[5]

---

5) 『반시대적 고찰』, 128쪽 이하.

③ 비판적 역사(kritische Historie) : 과거의 사실을 가차없
이 심문하고 비판함으로써 새로운 본성을 획득하고 창조적인
출발을 가능하게 해주는 역사를 뜻합니다. 니체는, 인간이 진
정으로 새로운 업적을 산출할 수 있기 위해서는 과거의 짐과
부담으로부터 벗어나야 하므로, 과거사에 대한 무자비한 유죄
선고가 필요하다고 합니다. 과거를 망각하는 것이 아니라, 그
한계와 문제점을 남김없이 드러내어 파괴하고 해체시켜야 한
다는 것입니다.

"인간은 살기 위해선 과거를 파괴하고 해체하는 힘을 가져야
하고, 때때로 이 힘을 적용해야 한다. 이것은 과거를 법정에 끌
어내서 가차없이 심문하고 결국에는 유죄를 선고함으로써 달성
될 수 있다. 모든 과거는 분명 유죄 선고를 받을 만하다. 왜냐하
면 인간적인 일들은 분명·그럴만한 상태에 있는 것이고, 거기에
는 항상 인간적인 폭력과 결점이 권세를 떨쳐 왔기 때문이다."[6]

그러나 니체는 이러한 역사가 단순히 과거 잘못에 대한 인
식에 그칠 뿐 새로운 가치의 실행으로 이어지지 못하기 쉽다
는 점을 단점으로 지적하고 있습니다. 또한 니체는, 자신의 제
1 본성을 부정함으로써 얻어지는 제 2의 본성은, 그 이전 것보
다 더욱 열악한 것이 일반적인 경우라고 합니다. 그리고 인간
은 그 자신의 뿌리를 전적으로 부정할 수 없다는 한계를 지닌
다고도 합니다.

---

6) 『반시대적 고찰』, 129쪽.

4. 니체의 역사 비판이 갖는 의미

헤겔로부터 시작된 과도한 역사의식은 19세기에 절정에 이르게 되고, 다시 역사주의의 등장으로 이어집니다. 그 결과 유럽에서는, 모든 인간의 문화적 업적이나 가치, 규범조차도 역사적 소산물에 불과하다고 보고, 그것들을 역사적 타당성의 한계 내에서 바라보고 평가해야 한다는 입장이 지배적이게 됩니다. 니체는 이러한 당시의 지적 분위기에 반기를 든 것이라 할 수 있을 것입니다. 뿐만 아니라 그는, 실증주의의 모델을 따르는 객관성에 대한 맹신(역사적 사실 자체의 추구) 풍조에 대해서도 비역사적인 것과 주관적인 것 등을 대립시키고 부각시킴으로써 균형 감각을 회복시키려 했다고 할 수 있습니다.

헤겔의 이성적 역사관에 의하면, 모든 역사 과정이 그 안에 이성적인 필연성을 가지고 있고, 논리적으로 진행되며, 이념의 승리이므로 모든 것은 그 앞에 신속하게 무릎을 꿇고 굴복해야만 합니다. 모든 인간의 활동은 결국 이성과 시대정신의 수족에 불과하다고 여겨지므로, 인간의 삶은 무기력해지고 맙니다. 이에 대해 니체는, 역사란 인간의 역사가 되어야 하고, 삶의 역사이어야 하며, 현재적 삶의 욕구와 의지에 의해 평가되어야 하는 것이지 그 역, 즉 인간의 삶과 현재가 과거와 전통에 의해 평가되어서는 안 된다고 하는 것입니다. 그에 의하면 역사는 역설적이게도 역사를 탄핵하고, 그 흐름에 반항하고 거스르는 자에 의해서 만들어집니다. 니체가 생의 철학자이면서 실존주의의 선구자임을 이해할 수 있게 해주는 대목입니다.

니체의 역사관에서 빼놓을 수 없는 부분은, 그가 기독교 등장 이후 지배적이던 직선적 발전사관에 대립하여, 고전적 관점이던— 니체는 고전 전문가였습니다! — 영원히 순환하는 우주를 모델로 한 역사관을 강조했다는 점입니다. 니체는, 역사적인 목적을 말하는 것은 인간적인 약점의 발로에 불과하고 환상에 지나지 않는다고 보기 때문이죠. 창조와 파괴, 기쁨과 고통, 선과 악의 영원한 반복으로 충만한 삶이야말로 존재의 참모습이라는 겁니다. 따라서 순환 자체를 긍정하고 허무와 운명을 사랑하는 것이, 자기 존재를 확인하는 길이자 본래적인 삶을 진정으로 긍정하는 길이라고 합니다. 고대 그리스인들에게 있어서 영원한 순환은 그 자체로 우주의 합리적인 질서와 신적인 질서를 나타내는 것이었으나, 니체에게 있어서는 강인한 의지를 통해 승인되는 것이며, 인간 자신과 시간성을 초월하게 해주는 것이라 할 수 있습니다. 그리스인들이 순환하는 우주와 운명에 대하여 두려움과 경외의 감정을 가졌었다고 한다면, 니체는 오히려 그것을 적극적으로 사랑하고 원할 것을 설파한 것입니다.

> ⚡ 니체가 말하는 "비역사적인 감각"이 과연 그저 그렇고 그런 역사보다 창조적인 역사에 더 기여할 수 있을까요?

제 12 장

푸코의 반실재론적 역사관

1. 배 경

제1, 2차 세계대전 이후부터 1960년대까지 프랑스를 비롯한 유럽 대륙의 많은 철학자들이 실존주의에 심취해 있었다면, 1970년대 프랑스의 유행 사조는 구조주의였다고 할 수 있을 것입니다. 구조주의는 원래 소쉬르(Ferdinand de Saussure, 1857-1913)의 언어 이론에서 비롯되었는데, 그는 언어의 의미 이론에 관하여 아주 독특한 설명을 제시함으로써, 언어학뿐 아니라, 문화인류학, 문학, 철학 등에까지 커다란 반향을 불러일으키게 됩니다. 흔히 '포스트모더니즘'이나 '후기 구조주의'로 불리는 일련의 광범위한 지적, 사상적 움직임이 바로 그것이고, 이제 우리가 알아보고자 하는 푸코도 그 가운데 한 사람이라고 할 수 있습니다.

구조주의의 의미론에 따르면, 언어의 의미는 그 언어와 그 언어의 외부 실재와의 관계에 의존하는 것이 아니라, 그 언어 체계(langue) 속에 공존하고 있는 언어 단위들 간의 관계에 의해서 결정됩니다. 다시 말해 한 개념이 갖는 의미는, 그 개념이 외부의 실재 사물과 관련해서 가질 수 있는 그것의 적극적인 내용에 의해서 결정되는 것이 아니라, 그것이 속해 있는 '공시적'(synchronique)인 언어 체계 내의 다른 개념들과의 관계에 의해 소극적인 방식으로 결정된다는 것입니다. 예를 들어 '사과'라는 단어의 의미는, 어떤 빨갛고, 달고, 새큼한 성질을 지닌 사물에 의해 규정되는 것이 아니라, '배', '감', '귤', '복숭아', '토마토', '수박' 등, 그것 외의 다른 모든 것이 아닌 바의 어떤 것으로서 결정된다는 겁니다. '사랑'이라는 개념도 '동정', '미움', '호감', '증오', '우정' 등과 같은 개념과의 관계 속에서 그것들이 나타내지 않는 그 어떤 것을 의미한다는 것이죠. 그러므로 구조주의는, 한 언어 기호가 갖는 의미의 정체성은 그 자신에 의해 획득되는 것이 아니라, 타자들에 의해 얻어진다고 말합니다. 이런 맥락에서 언어는 그 언어 체계 안에서 언어의 부분들이 서로서로 관계 맺고 있는 그물망에 비유되곤 합니다.

이제 여기서 소쉬르가 "텍스트 바깥에는 아무 것도 없다"라고 한 말과, 포스트모더니스트들이 즐겨 사용하는 "담론 바깥에는 아무 것도 없다"라고 하는 표현의 의미를 짐작하게 됩니다. 구조주의 의미론은 그것이 지닌 반실재론적 입장으로 인

해, 언어와 실재, 언어와 세계 사이의 관계를 탐구해 왔다고
할 수 있는 서양의 지적 전통을 무너뜨리는 결과를 가져왔습
니다. 또한 우리가 인간의 모든 문화 활동 내지 문화 현상을
일종의 의미화 작업으로 간주할 수 있다면, 이 모든 것(학문,
예술, 종교, 도덕, 규범, 의식 등)은 결국 기호의 의미화 작용
을 통한 것인데, 실재 세계와는 무관한 언어 기호들의 유희에
불과한 것이 되고 맙니다.

2. 푸코의 역사관

구조주의 영향을 반영하고 있는 푸코(Michel Foucault,
1926-1984)의 역사관에 따르면, 역사적 사실이란 한 시대 내
에서 단절된 개별적 사실이 아닙니다. 그것은 오히려 동일한
시대(공시적!)의 상호 관련된 체계로서 이해되어야 하며, 전체
적 연관성 아래에서만 어떤 의미를 가질 수 있습니다. 이때
'전체적 연관성' 혹은 '상호 관련된 체계'란, 시간의 흐름에 따
르는 나열에서 성립하는 것이 아니라, 상이한 시대 내에서 발
생하는 역사적 사실들에게 그 시대를 구획하는(즉, 특징짓는)
공통된 구조가 관통하고 있다는 관점에서 기인합니다. 그러므
로 시간의 흐름에 따라서 역사적 사실을 기술하는 소위 '통시
적'(diachronique) 접근보다는 시간적 상이성을 넘어서 한 시대
의 기저에 놓여 있는 구조를 파악하기 위한 공시적 접근을 택
해야 한다고 합니다. 그러므로 역사는, 시간 안의 연속적인 전

개 과정으로 이해되기보다는, 구조의 전체적인 변화라고 하는 '불연속성'(discontinuité)과 '단절'(la rupture 또는 la coupre)에 의해 특징지어집니다.

이 같은 관점에서 푸코는 우선 과거와 현재를 단절시키고, 과거와 현재의 이질성을 분명히 함으로써 과거의 역사적 사실들이 현재의 개념과 동일한 개념과 가치로써 진술되거나 평가될 수 없다고 합니다. 전통적으로 역사가는 어떻게 해서든지 역사 속의 불연속성을 제거하고자 하지만, 푸코는 공시적 구조의 파악을 위해 현재와 단절된 역사적 시기를 강조하고자 합니다. 그리고 그 시기가 지닌 독특성과 현재를 비롯한 타 시기들과의 차이와 이질성을 지적함으로써, 과거와 현재의 연속성에 기초하여 현재를 과거에 비해 진보된 것으로 판단하는 역사관을 공격합니다. 푸코는 이와 관련하여 '통사'(通史, l'histoire globale)와 '일반사'(一般史, l'histoire générale)를 대립시킵니다. 전자는 종래의 보편사 개념에 가까운 것으로서, 시대 전체를 일관하는 원리나 공통적 의미를 추구하는 것이고, 후자는 역사의 흐름 속에서 그 역사적 진행의 동질적인 일반 원리를 찾지 않고, 한 시대의 경제, 정치, 제도, 종교, 학문, 예술 등 인간 활동의 여러 분야의 관계가 어떻게 법칙적으로 기술될 수 있는가, 또 그것들 간에 어떠한 상관 관계가 존립하는가를 묻는다고 합니다. 즉 후자는 한 시대 내의 구조들 간의 관계를 규명한다는 것이죠. 이러한 역사관은, 인간의 역사를 이성적 역사, 즉 야만으로부터 문명에로의 해방의 역사, 연속적 진보의 역사 등으로 보고, 역사에서의 궁극 목적의 존재를 주장하

는 계몽주의적 역사관을 전복시키려는 푸코의 의도를 잘 드러
내줍니다.

푸코의 역사관에 따르면, 어떤 역사적 사실이 역사적 서술
속에서 의미를 부여받고 기록될 때, 그 시대를 지배하고 있는
'개념적 체계', 즉 그 시대의 용어 내지 범주 등 역사적 기록을
수행하고 의미화를 담당하는 '언어적 질서'들에 의해서 선택되
거나 누락됩니다. 여기서 그가 관심을 두는 것은 기록된 역사
적 사실이 아니라, 역사적 사실들을 정리하고 분류, 서술하는
언어 질서들의 발생 과정입니다. 그에게 있어 역사적 사실들은
그 언어 질서들에 의해 조작되고 농락되는 비실체적인 '부유물
질'들이라고 할 수 있습니다.1) 한 마디로 역사적 사실들은 그
사실성, 실재성, 객관성을 박탈당하는 것입니다.

푸코는 그 자신이 새로운 역사서를 기록하지 않고, 근대 이
래 '합리성'이라는 이름으로 장식한 언어적 질서의 출현 때문
에 누락되고 억압되고 침묵을 강요당한, 조야하고, 천박하고,
사소한 역사적 사실들을 발굴해 내는 데 주력했습니다. 합리성
을 강조하는 근대의 언어 질서가 은밀하게 행사하고 있는 배
타적인 권력을 폭로하고자 하는 이러한 접근법을 그는 '고고학
적 역사학'(l'histoire archéologique)이라고 부릅니다. 광기(狂
氣), 감옥, 병원, 성(性) 등의 역사에 대한 푸코의 관심은 바로
그러한 고고학적 역사의 단골 주제였습니다. 예컨대 『광기의

---

1) 이종관, 「역사적 사실은 객관적인가」, 『이성은 언제나 정당한가』
   (김창호 엮음), 웅진, 1996, 292쪽 참조.

역사』에서 푸코는, 중세 이래 각 세기 별로(중세, 르네상스, 16, 17, 18, 19-20세기) 광인에 대한 사회의 이해와 취급 방식이 어떻게 변해 왔는가를 소개하면서, 각 시기의 공시적인 구조 인식의 틀을 분석합니다. 그렇게 함으로써 한 시대의 진술(또는 의미화 작업)이나 그것에 근거하고 있는 인간의 관점, 실천 양식 등이 통시적이지 않다는 사실은 물론, 근대 이성중심주의의 폭력성 및, 더 나아가 전체주의적 성향을 드러내고자 합니다.

3. 푸코의 역사관에 대한 비판적 음미

① 푸코는 각 시대의 공시적인 구조들이 불연속적이라고 보았는데, 과연 한 시대의 인식 구조가 다른 시대의 인식 구조로 바뀔 때 그러한 변화가 절대적으로 불연속적인 방식으로 일어나는가 하는 의심을 가질 수 있다고 봅니다. 마치 돌연변이를 통해 전혀 새로운 생물의 종이 출현하듯이 각 시기마다 새로운 인식 지배 구조가 등장한다면, 역사는 물론이고 인간의 모든 지식, 학문, 가치 규범조차 세대를 초월하여 구속력을 가지는 아무런 근거나 질서도 없이 변전만을 거듭하는 셈입니다. 상대주의가 불가피하다는 것이죠.

② 흔히 사람들은 "니체가 신의 죽음을 선언했고, 사르트르가 그 사실을 확인했다면, 푸코는 인간의 죽음을 선언한 것"이라는 말을 합니다. 전통적인 인본주의나 근대적 인간관이 전제

했던 인간의 본질이나 객관적 정체성을 그가 구조주의적 언어 이론과 정신분석 이론 등으로 해체시켜 버렸다는 것입니다. 인간의 모든 문명 활동, 의미화 내지 가치화 작업 등은 물론이고, 그 주체인 인간마저, 끊임없이 스스로를 그들 자신과 다른 것들과의 관계 속에서 차별화하는 과정 그 이상도 이하도 아닌 것이 되기 때문입니다. 이렇게 보면 역사적 사실은 물론이고, 역사의 주체인 인간도 비실체적인 허깨비에 불과한 셈입니다. 생전의 푸코는 자신의 정체를 규명하려고 애쓰고 있는 사람들의 어리석음을 다음과 같은 말로 아주 상징적이고도 익살스럽게 꼬집었다고 합니다: "아닙니다. 아니라니까요. 나는 여러분이 노리고 있는 거기 있는 것이 아니라, 껄껄 웃으면서 여러분을 바라보고 있는 바로 여기 있습니다."[2]

> (⚡) 이제 우리는, 이성 내지 정신 중심의 철학이 근대성이라는 미명하에 저지른 폭력을 비판하려는 그의 파토스를 긍정적으로 이해할 수 있습니다. 그러나 인간이 해체되어 버렸다면 일체의 폭력적 억압과 금지를 해체하는 그 해체의 주체는 누구인지가 아리송하다고 여겨집니다. 역사의 해체와 더불어 그 해체의 상관자이자 의미의 담지자인 개인, 주체 역시 해체되어 버리고 말 때 남는 것은 무엇이겠습니까?

---

2) 김진성, 「미셸 푸코, 현대 프랑스 지성의 별」, 『베르그송 연구』, 문학과지성사, 1985, 143쪽.

참고문헌

강의 전반에 걸쳐 참고한 저서는 다음과 같다.

Karl Löwith, *Meaning in History. The Theological Implications of the Philosophy of History*, Chicago/London/Toronto, [3]1955; Willi Oelmüller, Ruth Dölle-Oelmüller, Rainer Piepmeier, *Diskurs: Geschichte*, Paderborn/München/Wien/Zürich, [2]1983; Edgar Bein, *Geschichte und Geschichtsbewußtsein. Ein Arbeitsbuch zur Philosophie der Geschichte*, Frankfurt a. M., 1995; 에밀 앙게른(유헌식 옮김), 『역사철학』, 민음사, 1991. 그 외에 각 단원에서 참고한 주요 문헌들은 아래와 같다.

제1 장에서 '역사'와 '역사철학' 개념의 의미 및 그 역사적 배경에 관해서는 G. Scholtz, "Geschichte, Historie", in: Joachim

Ritter(Hg.), *Historisches Wörterbuch der Philosophie*, Bd. 3, Sp. 344-398 그리고 U. Dierse, G. Scholtz, "Geschichtsphilosophie", in: Joachim Ritter(Hg.), a. a. O. Sp. 416-439 등을 참조하였고, 역사의 종류 및 역사철학의 여러 방향들에 대해서는 각각 Johannes Hoffmeister, *Wörterbuch der Philosophischen Begriffe*, Hamburg, 1955의 "Geschichte"(261-263쪽)와 "Geschichtsphilosophie"(264쪽) 항목 등을 참조하였다.

제2장의 '역사주의' 개념에 대한 설명은 G. Scholtz, "Historismus, Historizismus", in: Joachim Ritter(Hg.), *Historisches Wörterbuch der Philosophie*, Bd. 3, Sp. 1141-1147; Manfred Riedel, "Historismus", in: Jürgen Mittelstraß(Hg.), *Enzyklopädie Philosophie und Wissenschaftstheorie*, Mannheim/Wien/Zürich, 1984, 113-116쪽 및 같은 책 116-117쪽의 Herbert R. Ganslandt, "Historizismus" 등을 참조하였다.

제3장에서 헤로도토스, 투키디데스, 폴리비오스 등의 원전은 주로 M. I. 핀리 엮음(이용찬, 김쾌상 옮김), 『그리스의 역사가들』, 대원사, 1991를 참조하였다. 최자영, 「투키디데스와 폴리비오스의 역사관」, 『서양고전학 연구』 제9집, 1995, 55-99쪽; Hans Rudolf Breitenbach, "Thukydides", in: Konrad Ziegler, Walther Sontheimer, Hans Gärtner(Hg.), *Der kleine Pauly. Lexikon der Antike*, Bd. 5, München, 1979, Sp. 793-799; Konrad Ziegler, "Polybios", in: Konrad Ziegler, Walther Sontheimer(Hg.), 같은 책, Bd. 4, München, 1979, Sp. 982-991 등도 원전 해석에 참조하였다.

제4장의 유대-기독교적 시간관에 대해서는 뢰비트의 저서 이외에 Thorleif Boman(허혁 옮김), 『히브리적 사유와 그리스적 사유의 비교』, 분도출판사, 1975을 참조하였다.

제5장의 아우구스티누스 원전은 Willi Oelmüller, Ruth Dölle-Oelmüller, Rainer Piepmeier, 같은 책, 127쪽 이하(『신국』)와 134쪽 이하(『고백록』)에서 재인용하였다.

제6장에서 비코와 데카르트의 관계는 이상현, 『신이상주의 역사이론. 비코, 크로체-콜링우드를 중심으로』, 대완도서출판사, 1985를 참조하였고, Peter Burke, *Vico*, Oxford, 1985, 그리고 Giovanni Battista Vico, *Prinzipien einer neuen Wissenschaft über die gemeinsame Natur der Völker, Teilband 1*, übers. v. Vittorio Hösle u. Christoph Jermann, Hamburg, 1990에 포함된 Vittorio Hösle의 장문의 "Einleitung"(XXXI-CCLXXVII쪽) 등을 해석에 참조하였다. 기타 Leon Pompa(Ed. a. Trans.), *Vico. Selected Writings*, Cambridge/London/New York/New Rochelle/Melbourne/Sydney, 1982; Thomas Goddard Bergin, Max Herold Fisch(Trans.), *The New Science of Giambattista Vico*, London, ⁴1979(¹1948) 등의 "Introduction"들도 참조하였다.

제7장에서 인용된 "Histoire des rois juifs et paralipomènes" 항목의 내용은 각주에 표시한 대로 *Dictionnaire philosophique*, Édition présentée et annotée par Alain Pons, Gallimard, 1994에 따랐으며, 『에세이』의 내용은 René Pomeau, *Voltaire*, Éditions du Seuil, 1955(151쪽 이하)에서 재인용한 것들이다.

제8장의 칸트 원전 인용은 이한구(편역), 『칸트의 역사 철학』, 서광사, 1992를 따르되 바이셰델(Wilhelm Weischedel) 판에 의거하여 필자가 부분적으로 개역하였다.

제9장의 헤겔 원전 인용은 임석진(옮김), 『역사 속의 이성』, 지식산업사, 1994를, 그리고 제10장의 마르크스와 엥겔스 역사철학에 대한 소개는 칼 마르크스, 프리드리히 엥겔스(김대웅 옮김), 『독

일 이데올로기 I』, 두레, 1989를 각각 기본서로 참고하였다.

제11장의 니체 원전 인용은 프리드리히 니체(임수길 옮김), 『반시대적 고찰』, 청하, 1982에 따르되 필자가 Walter de Gruyter 판 (Giorgio Colli und .Mazzino Montinari[Hg.], 1972) 전집을 참조, 부분적으로 보충하거나 의역하였다.

제12장의 푸코 및 구조주의에 관한 설명은 각주에 표기한 이종관의 글 이외에 Hugh J. Silverman, "French Structuralism and after: De Saussure, Lévi-Strauss, Barthes, Lacan, Foucault", in: Richard Kearney(Ed.), *Twentieth-Century Continental Philosophy* (Routledge History of Philosophy Vol. VIII), London/New York, 1994, 390-408쪽 등을 참고하였다.

찾아보기

180

지은이 : 김 수 배

성균관대학교 철학과 및 동대학원을 졸업하였다. 독일 뮌헨대학교,
트리어대학교에서 공부하였으며, 트리어대학교에서 철학박사 학위를
취득하였다. 현재 충남대학교 철학과 부교수로 있다.
주요 저서 및 논문으로는『칸트 인간학의 성립 및 그것과 볼프 학파
의 경험 심리학이 가지는 관계』(Frankfurt a. M. u.a. 1994),「칸트의
진보사관」,「칸트의 인간관」,「멘델스존과 미 현상의 자율성」,「칸트
철학 연구에서 체계성과 역사성」,「칸트와 볼프의 철학적 방법론」등
이 있으며, 옮긴 책으로『별이 총총한 하늘 아래 약동하는 자유: 칸트
와 함께 인간을 읽는다』(공역),『현대에 도전하는 칸트』(공역) 등이
있다.

역사 속의 이성, 이성 안의 역사

·

2004년 8월 25일 1판 1쇄 인쇄
2004년 8월 30일 1판 1쇄 발행

지은이 / 김 수 배
발행인 / 전 춘 호
발행처 / 철학과현실사
서울시 서초구 양재동 338-10
TEL 579-5908 · 5909
등록 / 1987.12.15.제1-583호

ISBN 89-7775-500-X 03160
값 10,000원